당신이 정말로 걷고 싶은 길은 어떤 길인가요?
What journey do you truly long to take?

길 위에서의 여정을
오래오래 간직하고 싶어서
55일간의 기억을
그냥 이야기체로 펼쳐내 봅니다.
그 길을 걷고 온 분에게도
걸으실 분에게도
"부엔 까미노"

**촌 할매의 부엔까미노**

ⓒ 강정숙 2025

1판 1쇄 펴낸날_2024. 12. 25.
1판 2쇄 펴낸날_2025. 08. 01.

지 은 이 ㅣ 강정숙
그     림 ㅣ 신기영

펴 낸 이 ㅣ 이지영
펴 낸 곳 ㅣ 도서출판 문학산책
주     소 ㅣ 대전시 중구 보문로 260번길 26. 문화빌딩 407호(대흥동)
대표전화 ㅣ 042-223-8007
e_mail   ㅣ jj998007@naver.com

ISBN    ㅣ 979-11-989780-8-0 (03800)

*이 책 내용의 전부 또는 일부를 사용하려면 반드시 저작권자와 도서출판문학산책 양측의 동의를 받아야 합니다.
*잘못된 책은 구입하신 곳에서 바꾸어 드립니다. *책 값은 뒤표지에 있습니다.

# 촌 할매의 부엔 까미노

글 강정숙

그림 신기영

1. 이야기하듯이 포근하게 쓴 글 느낌을 그대로 살리기 위해 할매, 쥬스, 썬크림, 뱅기, ~했구요 등을 표준어로 바꾸지 않고 사용하였습니다.
2. 동일한 지명의 영문 병기는 첫 번째에만 표기하였습니다.

## 책을 내며

　　　　　　　　　　내 마음 안에 나만 꺼내 볼 수 있는 보석 주머니를 하나쯤 만드는 것은 어떨까요? 그 주머니 안에 내가 나를 보며 흐뭇해 할 수 있는 것들로 채워보시는 것은 또 어떨까요? 내가 나를 칭찬할 수 있는 것으로요. 그러다 누군가 내 보석과 같은 것을 갖고 싶어 하는 사람을 만나면 주머니를 열어 보여주며 신나게 자랑할 수도 있겠지요. 그것이 무엇인지 사람마다 다 다르겠으나, 나 혼자 귀하게 볼 수 있는 것이면 되지 않을까요? 저는 제 가슴속 보석 주머니에 이번에는 산티아고 길을 걸었던 순간순간을 넣어 두었어요. 제 가슴속에 있으니 저는 언제든 꺼내 볼 수 있어요.
　신나지 않을까요? 혼자서 볼 수 있는 보석이 있다는 것.

　순전히 천사들의 도움으로 걸었으나 한 구간도 건너뛰지 않았어요. 거북이걸음이지만 두 발로 뚜벅뚜벅 걸어 완주한 제가 자랑스러워 저한테 자랑할래요. 스스로에게 자랑할 것이 있고 없고는 하루하루가 많이 달라요.

제 한걸음은 한 알의 모래와 같아요. 그 한 알의 모래와 같은 한 걸음이 인천 아라뱃길에서 낙동강 하구둑까지 걷게 했고 또 그것을 시작으로 해남 땅끝마을에서 통일전망대까지, 동해안길, 남해안길, 서해안길, DMZ 평화의 길을 한 걸음 한 걸음 그림을 그리듯 그렇게 걸었어요. 그 후, 무궁화호 노선길 걷기는 산티아고 가기 전에 시작해서 다녀온 후로 다시 이어 걸어서 완성하였어요. 10년 동안 틈틈이 걸어온 길이에요. 삶이 흔들리다 넘어질 때, 절망이 너무 깊어 주저 않을 때, 내 마음속 보석이 가만히 손을 잡아주며 속삭여요.
"너무 힘들어 하지마, 네 마음 안에는 누구에게도 없는 너만의 보석 주머니가 있잖아."
　금을 채굴하는 사람들이 강가에서 무수히 많은 모래알과 씨름하다 운이 좋으면 아주 작은 금가루를 발견하듯이 무수히 많은 한걸음 속에 운이 좋게도 보석이 있었나 봐요. 그것을 마음속 주머니에 톡~.

　나를 위로해주고, 용기를 주고, 힘을 주고, 때로는 빛이 되어주기도 하는 내 마음속 보석 주머니를 우리 만들어봐요.

2024년 겨울 강정숙

## 목차

### 1. 떠나기 전 이야기

산티아고 까미노를 걸으실 후배님들에게...016
저 같은 사람도 산티아고에 갈 수 있을까요?...022
꿈을 꾸다...023
걱정 또 걱정...026
여러 명의 천사가 기다리고 있었어요...028
준비물은요?...031
배낭에 챙길 것들은 그리 많지 않아요...033
떠날 준비... 036

### 2. 산티아고 순례길 이야기

뱅기 타고 처음으로 나라 밖으로...040
파리 공항에 도착...042
파리 공항에서 지하철을 타고 호스텔로...043
밤새 잠을 못 잤으니...044
바욘을 거쳐 생장 도착...045
순례 첫 번째 날...049
순례 쉰다섯 번째 날...165

### 3. 덧붙이는 글

감사의 마음을 담아... 168
완주증...173
도보 기록...178

오늘 감당하기 버거운 어려움이 있었더라도,
오늘의 어려움이 내일의 발목을 잡게 하지는 말자!

-본문 중에서-

# 1. 떠나기 전 이야기

산티아고 까미노를
걸으실
후배님들에게

**산티아고를** 다녀온 제 얘기가 다녀오려 계획하신 분들에게는 아주 조금의 도움이, 또는 다녀오고 싶으나 망설이고 계신 분들에게는 등을 살짝 밀어드려 한 발작 앞으로 나갈 수 있기를 바라는 마음과 저 같은 촌 할매도 걷고 왔다는 얘깃거리라도 되고 싶어요.

산티아고 길은 생각처럼 낭만적이거나 소풍 다니듯 걷는 길이 아니랍니다. 많이 힘들어요. 힘든 것이 기본값이에요. 어떤 방식으로 순례를 할 것인가에 따라 배낭 꾸리기는 달라질 수 있어요. 온전한 순례자 모드로 할 것인가? 관광을 겸할 것인가? 경치 좋은 곳을 골라 쉬엄쉬엄 건너뛰며 걸을 것인가? 또 배낭은 메고 다닐 것인가? 동키라는 운송수단을 이용해서 배낭은 부치고 가벼운 차림으로 걸을 것인가? 그것부터 정하는 것이 좋아요. 배낭을 동키로 부치겠다는 생각이면 짐은 많아도 괜찮지만, 저처럼 순례자 모드로 다닌다는 계획이면 짐은 최소한으로 꾸려야 해요.

 길을 나설 때 그리 많은 것들을 필요로 하지 않아요. 저는 출발했을 때나 도착했을 때나 같은 옷이었어요. 맨 안쪽에 입어서 땀에 젖은 옷과 양말만 매일 빨았고 나머지 옷은 연박 할 때만 빨아서 입었어요. 배낭에 들어갈 것들을 준비하는 것도 중요하지만 , 마음 준비, 몸 준비도 필요해요. 두 가지 준비까지 단단히 잘되면 고비마다 잘 넘길 수 있어요.

 까미노에 들어서면 포기하기가 걷기보다 더 어려워요. 그러니 포기하는 일이 없도록 욕심내지 말고 다른 사람들과 비교하지 않고, 내 몸 내가 살피며 내 속도로 걸어야 해요. 근데 의외로 그게 잘 안되나 봐요. 다른 사람들이 빠르게 걸으니까 나도, 나도 하게 되나 봐요. 경쟁하듯이. 그러다 포기하는 일이 일어나기도 해요. 제가 본 것만 해도 도중에 3팀이 포기하고 돌아갔어요. 그분들은 빠른 속도로 걸어서 제가 많이 부러워했던 사람들이었어요. 제가 걷는 동안에 3명이 사망했다는 소식도 들었어요.

 혼자 걷기 보다는 다른 나라 사람이라도 관계없으니 누군가와 함께 걷기를 권해요. 걷다 보면 문득 아무도 없이 혼자 걸을 때가 있는데 그럴 때는 좀 기다렸다가 사람이 보이면 다시 걷도록 하세요.
함께 걸으면 덜 위험해요. 내가 누군가에게 도움이 될 수도 있고 도움을 받을 수도 있어요.

　평소 많이 걸어서 걷는 것이 익숙한 분들은 떠나는 날까지 몸을 힘들게 할 필요는 없어요. 걸어본 경험이 적은 분들은 여러 번 걸어보셔서 걷는 것이 몸에 어떤 거라는 것을 알게 해 주는 것이 좋아요. 그런데 그렇게 준비할 시간이 없다, 그러시면 까미노를 걷는 초반부에는 하루에 걷는 거리를 짧게, 아주 조금씩 정해서 걸어보세요. 걷는 것이 몸에 익숙해 질때까지 속도 내는 것은 좀 참아주시는 것이 좋아요. 그렇게 걸으셔도 초반에는 물집이 생기거나 근육통이 올 수 있어요. 그러니 욕심내지 마세요. 속도 욕심은 몸 준비가 된 후반부에 내셔도 충분해요.

　출국 전, 건강상 염려되는 부분이 있다면 미리 병원에 가서 의사 선생님과 상의하고 필요한 약품을 준비하는 것이 필요해요. 저는 치과에 가서 검진도 받고 치료도 받았어요. 이비인후과, 비뇨기과, 내과에 들러 필요한 약품을 구입했어요. 많을 듯하지만 부피는 얼마 되지 않았어요. 대부분 그대로 가져왔지만 그래도 비상용으로 챙겨가세요. 아! 베드버그에 물렸을 때 바르는 연고는 몇 번 사용했네요.

저는 이번 여정이 너무 힘들었어요. 힘들다는 생각 말고는 다른 생각은 나지 않을 만큼요. 아마도 많이 아파서 더 그랬을 거예요. 돌아오는 비행기를 탔는데 이제 끝났구나 하는 생각에 후련하기까지 했고 미련이나 아쉬움은 없었어요. 12시간의 비행시간을 거쳐 인천공항에서 수속을 마치고 나오는데 어~이건 뭐지? 되돌아가야 할듯한 느낌이랄까요? 머무는 동안은 사랑하는 줄도 몰랐는데 나도 모르게 사랑하게 된 연인에게 다시 돌아가고 싶은 마음이랄까요?

그때부터 마음속 걷기가 시작되었어요. 꿈속에서도 걸었어요. 걷다가 잠이 깨면 익숙한 침대가 어색했어요. 걸으면서 만났던 사람들, 마주친 사람들, 그들이 생각나기 시작했어요. 분명 입이 떡 벌어지는 풍광을 매일 봤는데, 오래되고 유명한 건물들도 많이 봤는데, 그런 것은 생각나지 않고, 힘들었을 때 도와준 사람들, 마주치거나 지나칠 때 또는 알베르게에서 혹은 카페에서 만났던 사람들이 생각났고, 그런 생각이 들 때마다 자꾸 웃게 되었어요. 마음 안에서 웃음이 나니 제 표정이 저절로 바뀌었나 봐요. 사람들이 저보고 뭔지 모르지만 느낌도 다르고 예뻐졌다네요. 뭐가 예쁘겠어요. 썬크림 한번 바르지 않아서 까만 얼룩이 할매가 되었는걸요. 그런데 뭔가 다르게 느껴진다는 말에는 공감해요. 제 마음이 달라졌다는 것을 제 자신이 느끼니까요.

한 번도 다녀오지 않은 사람은 있어도, 한 번만 다녀온 사람은 없다고 하는 길. 돌아오면 많은 사람이 '까미노 블루'라는 병과 마주하게 되는 길. 그러다 그리움이 사무치면 다시 찾게 되는 길. 왜 그럴까? 곰곰 생각해보니 그 길에 들어서면 지식이 많은 사람, 돈이 많은 사람, 가난한 사람 구분 없이 모두 똑같이 길을 걷는 사람들이라서 그런게 아닐까요. 간혹 가난한 삶을 선택해서 사는 사람들이 있는데요, 그들에게는 가난이 가난으로만 느껴지는 것이 아니듯이, 힘들거라는 것을 알면서도 산티아고길을 걷는 사람들에게는 힘들고 어렵기만 한 길은 아니었어요. 지금 제 가슴을 두근거리게 하는 것들이 시간이 지나면 옅어지다 어느 순간 사라지겠으나 그래도 흔적은 남을 거예요. 그 흔적은 앞으로 제 삶의 순간순간 작동될 거구요.

까미노를 걸을 때 위기의 순간이 닥쳐올 때마다 오래전, 제주 일주도로를 걸었을 때가 생각났어요. 그때는 아무런 준비나 장비 없이 걸었어요. 발바닥 여기저기에는 물집이 생기고, 생긴 물집이 터지고, 터진 곳에 또 물집이 생기고, 발바닥은 찢어진 천 조각처럼 너덜거렸고 발톱 세 개를 헌납했어요. 유체이탈을 느낄만큼 힘들었던 그때의 기억이 순례길을 걷는 저에게 '지금 어려운 것은 별것 아닌 것'이 되게 해주어서 한걸음, 한걸음 걸을 수 있었어요. 도보여행 10년 차가 되고 보니 몸에 기억된 어려움은 살아가면서 겪게 되는 어려움에 힘이 되어 준다는 것을 알게 되었어요.

가끔씩 생각해봤어요. 나는 행복한가? 불행한가?
적어도 불행하다는 생각이 들지 않는 것을 보니 행복한 거겠구나! 그렇게 생각기로 했는데, 산티아고 길을 걷고 온 지 5개월이 지난 지금, 문득문득 가슴에서 뭔가가 튀어나오며 가르쳐 주려하네요.
'행복이란 이런거야.'

2년 후, 재정적 형편이나 몸 상태가 지금보다 나빠지지만 않는다면 다시 그 길을 걸으려 조심스레 계획하고 있어요. 목적은 저도 천사 한 번 돼 보고 싶고, 천사들을 다시 만나고 싶어서요. 혹시 2년 후 가을, 산티아고 길에서 혼자 걷는 할매가 있거든 '얼룩이 할머니'냐구 물어 봐 주세요. 우리 만나면 포옹해요. 제 주식이었던 크로와상하고 커피 사드릴게요. 아~ 오렌지 쥬스두요.

산티아고 길을 걷고자 계획하고 계신 분들, 지금 당장 가지는 못하더라도 가고 싶다는 생각을 하고 계시는 분들, 지금은 별생각이 없지만 앞으로 산티아고 길을 가고자 하실 분들에게, 산티아고 길을 걷고 온 선배로서 손바닥이 아플 만큼 지금 환영의 박수를 치고 있어요.
짝! 짝! 짝!
아~ 그리구요, 물은 꼭 병에든 생수를 사서 드세요.

## 저 같은 사람도
## 산티아고에
## 갈 수 있을까요?

**저는** 70살 생일이 되면 꿈이었던 산티아고에 가려 해요. 그런데요 저는 나라 밖으로 한 번도 나가본 적이 없어요. 우리나라 말 외에는 단 한마디도 할 줄 모르고 알아듣지도 못해요. 단어 몇 개라도 외우면 도움이 될까 했으나 공부 머리가 없는지, 할매 머리라 그런지 외워지지도 않고 겨우 외웠나 싶은 단어들은 돌아서면 금세 잊어서 공부하는 것은 포기했어요.

비행기 표 예약하는 방법도 모르는 데다가 숙소 예약도 해야 한다는데 그것조차 할 줄 몰라요. 모든 이들이 쉽게 일상적으로 사용하는 이런저런 앱조차도 사용할 줄 몰라요. 인터넷도 사용할 줄 모르구요. 컴퓨터조차도 없는 무식만 넘쳐나는 70살을 3년 앞둔 촌 할매예요. 그런데요, 그런데두요, 어쩌려구 그러는지 가고 싶은 마음이 포기되지를 않네요.

꿈을 꾸다

**산티아고에** 가고 싶은 마음이 시작된 건 60살 생일이 지나서 국내 도보 여행을 하면서부터였어요. 막연하게 생각했던 산티아고길 이었는데, 어느 틈에 저의 버킷리스트가 되었어요. 제게는 실현 불가능한 것이기에 죽기 전에 가고 싶다는 꿈이라도 꾸고 싶어서 버킷리스트에 넣었어요.

 실현 가능 여부와는 상관없이 콩닥콩닥, 두근두근. 꿈이 있는 가슴은 살아있다는 것을 느끼게 해주네요. 꿈꾸는 것은 돈도 들지 않아요. 가고 싶은 마음이 꿈속에서 무럭무럭 자라더니 마음을 비집고 나오려 해요. 나이도 있고, 그리 건강한 체력도 아니고, 빠른 걸음도 아니어서 염려되기는 했지만, 제 페이스로 천천히 걷는다면 비록 할매라도 못할 거라는 생각은 하지 않았어요. 그날그날 컨디션에 따라 쉬엄쉬엄 걸으면 되니까요. 걷는 것은 걱정되지 않는데, 걷는 것 말고는 모두 걱정이에요.

 저 같은 사람도 꿈을 이룰 수 있을까요? 꼭 상사병을 앓듯이 점점 깊어지는 꿈속의 길. 너무 멀고 아득해서 꿈으로 남겨둬야 하나…… 내 나라말 외에는 단 한 마디도 못하는 제가 14시간 동안 비행기를 타고 파리라는 곳에서 하룻밤을 자고, 몽파르나스 역에서 떼제베라는 기차를 타고, 4시간 이상을 가다가 바욘이라는 역에서 기차를 또 갈아타야 비로소 생장이라는 시작점에 도달할 수 있는 곳. 800km나 되는 거리를 걸어야 하는 그곳이 가고 싶어 병이 나려 해요.
 파리에 있는 숙소 예약도 해야 하고, 몽파르나스 역에서 바욘까지 가는 떼제베 기차 예약은 까다롭다는데…… 말도 못 알아듣는 사람이 기차를 어떻게 갈아타려고 그러는지, 모든 것들이 암담했지만 자꾸 그래도, 그래도 갈래 하네요.

 병이 깊어지는 어느 날 저 자신에게 물어봤어요.
 '너 그곳에서 죽을 수도 있는데 그래도 갈래?'
 어쩜 단 일 초의 망설임도 없이 '응, 그래도 갈래'였어요.
 '그럼 가야지, 죽을 수도 있다는데 그래도 가고 싶다면 가야지.'

바로 그날로 주변에 계신 분께 어렵게, 어렵게 부탁해서 2024. 4. 16일 인천- 파리, 2024. 6. 18일 마드리드-인천 대한항공 직항 항공권을 예약했어요. 값이 비쌌지만 대한항공을 예약한 이유는 한국인 승무원이 있기 때문이고, 저에게 환승은 꿈도 못 꿀 일이었으니까요. 항공권을 예매하고 나니 갑자기 심장이 요동치기 시작하더니 튀어나오려 해서 붙잡고 있어야 했네요.

잘했어, 잘했어. 그럼 그럼. 그렇게 가고 싶은데 가야지.

진정, 진정하자.

"70살까지 뭐 하러 기다려요, 한 살이라도 젊을 때 다녀오세요."라고 말해준 어느 분 덕분에 1년을 앞당겨 가게 되었어요.

그런데요, 나이 계산하는 것이 바뀌기 전 나이로는 일흔살이 맞아요.

걱정
또
걱정


**주변** 분의 도움으로 일단 비행기 표 예약은 했지만, 태산도 낮을 듯한 산더미 같은 걱정이 기다리고 있었어요. 두 발로 걷는 것 말고는 아무것도 안 되는 무지한 촌 할매가 어떻게 해야 할지……

산티아고 소식과 정보를 공유하는 온라인 카페에 떨리는 마음으로 한탄 섞인 글을 올렸더니 안타까운 마음을 주신 분, 용기를 주신 분, 이런저런 방법을 제시해 주신 분, 스스로 방법 찾기를 권하신 분. 많은 분의 의견과 생각을 들으며 산티아고 가는 길은 여러 방법이 있다는 것을 알게 되었어요. 가벼운 몸으로 걷기 위해 배낭을 교통편으로 부치기도 하고, 중간에 건너뛰기도 하고, 자전거를 이용하기도 하고, 일부만 걷고 관광과 맛집 투어를 하는 등 다양한 방법이 있었어요.

순례자 모드에서도 한 걸음 한 걸음 전 구간을 배낭을 메고 가는 방법, 배낭을 따로 보내고 가벼운 몸으로 걷는 방법, 여행사를 이용해서 전부를 의탁하기도 하고, 자신 없는 부분만 의탁하기도 하고. 사람마다 계획과 생각이 다르듯이 순례하는 방식이 다를 수 있다는 것을 알게 되었어요.

 촌에서 거주하는 저는 주변에 물어볼 만한 사람도 없었고, 어디서부터 어떻게 접근해서 어떤 방법으로 해결해야 할지 막막했으나 스스로 제가 할 수 있는 방법을 찾기로 했어요.

여러명의 천사가
기다리고
있었어요

**천사는** 제가 부족함을 드러내고 도움 청하기를 기다리고 있었나 봐요. 누군지도 모르는 분인데 제가 올린 카페의 글이 그분 마음에 도와주고 싶은 생각을 하게 했었나 봐요. 파리 몽파르나스 역 부근에 있는 호스텔 예약과, 오리손Orisson 산장 예약하는 것을 몇 날, 며칠을 두고 반복하고 또 반복하며 설명해 주었어요. 그러나 유튜브나 보고 톡이나 하고, 문자나 주고받을 줄 아는 저는 그분의 설명을 알아들을 수가 없었어요. 게다가 저는 밥벌이를 하고 있어서 낮에는 물어볼 수가 없었어요.

  그래서 새벽이나 늦은 밤에 물어보게 되어 미안한 마음이 들었는데 그분은 제 마음을 아는 듯, 자신은 30대 여성 청년이니 아무 때나 편히 물어보라 하셨어요. 그분의 절대적 도움으로 호스텔 예약을 할 수 있었고, 예약하기 힘들다는 오리손 산장까지도 예약할 수 있었어요.

제 마음속 산티아고 까미노 제1호 천사로 등록되신 분이랍니다.

 여성 청년분이 몇 날 며칠을 애써 주신 덕분에 호스텔과 오리손 산장 예약은 했는데, 이제 그 다음이 걱정되는 거예요. 인천공항에 가 본 적도 없는 내가 파리에서 생장 가는 기차표 예약을 해야 하고, 론세스바예스 알베르게도 예약을 해야 한다는데, 방법을 모르니 할 줄도 모르겠고 그래서 여성 청년분을 만난 카페에 천사 구인 광고를 냈더니 여러 명의 천사를 만나게 되었어요.

 많은 사람이 그렇듯, 파리공항에서 산티아고 순례길 출발 지점인 생장까지만이라도 함께 갈 분이 있었으면 좋겠다는 마음이었어요. 그런데요, 인천공항에서부터 같은 비행기를 타고 가실 분들, 파리 공항에서 숙소까지 승용차로 태워 주신다는 분, 제가 예약한 호스텔에 예약해서 한방에서 함께 잘 수 있게 하신 분, 파리 몽파르나스 역에서 같은 기차를 타고 생장까지 함께할 분, 길을 함께 걸으며 숙소 예약 등 많은 부분을 도와주실 분, 돌아올 때도 함께 하고자 같은 비행기를 예약하셨다는 분이 나타난 거예요. 어떻게 이럴 수가 있죠?
 그 많던 걱정이 한순간에 사라지는 것이 꼭 마법 같았어요. 7개월이라는 시간이 남았으니 그사이 변동이 있을 수 있겠으나, 그때 가서는 또 다른 해결 방법이 있을 거라고 생각하니 걱정은 저 멀리 밀려나네요. 도움이 필요하다 하면 천사가 기다렸다가 나타나는데 걱정할 것이 뭐 있겠어요. 너무너무 감사해서 천사들과 연결고리가 되어준 온라인 카페에 감사 인사를 올렸더니 어느 분이 그러셨어요. 천사를 알아보는 사람도 천사라구요. 천사님들 덕분에 졸지에 저도 천사가 되었네요.

## 준비물은요?

**도보** 여행을 나설 때 가장 중요한 것은 신발과 배낭이에요. 신발이 맞지 않아 발에 탈이 나면 가장 중요한 걷기를 할 수가 없게 되고, 배낭이 맞지 않으면 짓눌리는 무게감에 걸어서 힘든 것보다 어깨 아픈 것이 더 힘들 거예요. 신발은 3개월 전에 미리 사서 발에 익숙하게 하는 것이 좋아요. 두 사이즈 큰 것 사기를 권해요. 저는 구입하자마자 발이 편해서 길들일 것도 없었어요. 발목을 보호해 주는 반 등산화인데 무게감이 좀 있어서 처음 걷기를 하는 분들은 힘들 수도 있겠으나, 저는 10년 가까이 그런 종류의 신발만 신고 다녀서 그런지 발이 금세 편안했나 봐요. 젊은 분들이나 남자분들은 가벼운 무게의 트레킹화도 많이 신는 것으로 알고 있는데요, 저의 경우에는 그런 신발을 신으면 발목 부상이 잦아져서 신을 수가 없어요. 오랜 시간 긴 거리를 걸어야 하니 신발이 참 중요해요.

배낭은 떠나기 한 달 전쯤 구입했어요. 끝까지 망설인 이유는 제가 직접 사용해 보지 않은 것이라 정보를 좀 더 알고 싶어서였어요. 제가 구입한 것은 무게감은 좀 있었지만, 배낭의 벨트가 보호대를 한 것처럼 허리를 지탱해 주어 안정감 있어서 좋았어요. 무게도 잘 받쳐주어 처음 멜 때만 힘들고 이동 중에는 편안했어요. 무엇보다 등에 땀이 차지 않아 좋았구요. 걷다 보니 제 것과 같은 배낭을 멘 순례자들이 많이 보였어요.

 배낭은 30만 원 정도였고, 신발도 비슷한 가격이었던 것으로 기억해요. 저는 온라인 매장이 아닌 오프라인 매장을 이용했기에 가격 비교는 잘 모르겠어요. 무릎 보호대는 2,000원, 허리쭘 전대도 2,000원, 발가락 양말을 많이들 사서 신지만 저는 발가락 반만 들어가는 것으로 2,000원 주고 구입했어요. 침낭은 오래전에 구입한 거라 가격은 모르겠고요. 판초는 10만원 이하였던 것으로 기억되네요.
 떠나기 전 구입한 물건은 이 정도 되나 봐요.
 스틱은 사용하던 것 가져갔구요. 양말 한 켤레만 좀 비싼 것으로 샀어요. 두 켤레를 사고 싶었으나 너무 비싸서. 한 켤레 값이 3~5만 원이에요.

배낭에 챙길
것들은
그리 많지 않아요

**많은** 길을 나서봐서 조금은 알아요. 나그넷길에는 그리 많은 것들이 필요하지 않다는 것을요. 침낭, 약간의 상비약, 속옷과 갈아입을 옷 상하 한 벌씩. 순례길을 걸을 때 이외에 신을 신발은 다 떨어지다시피 한 샌들을 가져갔어요. 바람막이 점퍼도 챙겼고, 경량 패딩은 다 떨어져서 버리려던 것을 가져갔어요. 패딩 위에 바람막이 점퍼를 입어 떨어진 것이 보이진 않았어요. 스포츠수건 한 장으로 샤워할 때나 물기를 닦을 때 다용도로 사용했구요, 도브 비누 한 개로 샤워, 빨래 다 해결했어요. 비누를 다 쓰면 현지 마트에서 구입했구요. 화장품은 영양 크림 하나만 준비했어요. 양말은 신은 것 외에 두 켤레를 더 준비했어요.

물건을 다 채워도 배낭이 할랑해서 아침에 짐 꾸리기가 다른 사람들에 비해 간단했어요. 침낭만 구겨 넣으면 끝이었어요.

\* 마음 준비하기

800km 가까이 되는 산티아고 길을 걷는다는 것은 매일매일 새로운 마음이 아니면 힘들 거예요. 특히 저같은 촌 할매는 매일 맞닥뜨려야 하는 새로운 환경에 대한 부담감이 다른 사람보다 몇 배는 더하니까요. 그래서 오늘만 생각하기로 했어요. 저는 도보 여행을 할 때마다 다짐 하는게 있어요. 힘들고 지쳐서 주저앉거나 포기하고 싶을 때마다 '지금 걷는 이 한 발만 생각하자'고요. 포기만은 하지 말자는 마음으로 산을 다녔고 길을 걸었어요.

걸으면서 나 자신에게 수없이 했던 말은 '오늘 감당하기 버거운 어려움이 있었더라도, 오늘의 어려움이 내일의 발목을 잡게 하지는 말자!' 였어요. 그런 경험들이 마음 준비하는 데 도움이 되었어요.

\* 몸 준비하기

저는 몸 준비는 딱히 한 것이 없어요. 평소 하던 대로 일주일에 하루는 20~30km를 걸으려 했지만 이런저런 준비를 핑계로 하지 못했어요. 그대신 어떤 고생을 하게 될지 모르는 제 몸에게 시간만 나면 편히 쉬게 해주었어요. 그리고 끼니마다 음식도 배부르게 마음껏 먹었어요. 몸무게가 최고점을 찍었지만, 신경 쓰지 않았어요. 음식 때문에 고생하리라는 것을 그때 미리 알았다는 듯이······

이런저런 비상용 음식을 준비할까? 했지만, 음식이 입에 맞지 않아도 배고프면 먹겠지! 하는 생각에 아무것도 준비하지 않았어요. 하나 준비하면, 또 하나 준비하고 싶은 것이 생각나거든요.

  그리고, 떠나기 전 치과 검진과 치료를 권해요. 저도 치과에 가서 검진과 치료도 받았어요. 딱딱한 것을 씹다가 이에 금이 간 상태라서 씌우는 치료를 했어요. 몸이 힘들면 이도 부실해져서 음식 먹기가 힘들 수 있어요. 흔한 감기 같은 것은 그곳에서 약을 사 먹거나 병원에서 치료가 가능하지만, 치과는 다르잖아요. 또 저는 이석증으로 응급실에 실려 간 적이 있어서 이비인후과에 가서 비상시에 먹을 약도 처방받아 준비했어요. 또 할매다 보니 몸이 매우 힘들면 비뇨기 쪽에 이상 증세가 올 때도 있어서 약을 처방받아 준비했었어요. 그 외에는 대일밴드, 멘소래담, 진통제, 베드버그에 물렸을 때 바르는 연고 정도가 저에게 한 몸 준비 전부예요.

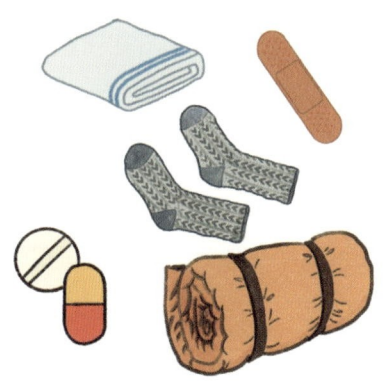

떠날 준비

**항공권** 예약과 숙소 예약등 제일 먼저 해야 할 일들이 천사들의 도움으로 해결되었고, 배낭에 넣을 것 준비, 마음 준비, 몸 준비를 나름 하고 나니 떠날 날이 다가오는데도 그냥 덤덤했어요. 오히려 주변에서 더 걱정을 하셨던 것 같아요. 나라 밖으로 처음 나가는 데다가 외국어는 단 한마디도 못하는 촌 할매가 먼 나라를 간다니. 그것도 혼자서. 참 내.

미리 걱정하고 싶지 않았어요. 아니 걱정되지 않았다는 말이 맞을 거예요. 어떤 일이 있을지 알아야 거기에 대한 걱정도 생기는 거잖아요. 이런 때는 무지함이 덕을 본 셈이 되었네요.

살짝 걱정되었던 것은 14시간 동안 비행기를 타는 것이었어요. 그런데 크게 걱정할 것은 아니더라구요. 그동안 도보 여행을 다니면서 6~7시간 차 타는 경우가 많아서 그런지 그것보다 조금 더 지루하겠지? 정도였어요. 죽어도 좋다는 마음으로 준비한 길인데 무엇이 문제가 될까요?

 기내식은 어떻게 니오고, 비행기 안에서 일하는 분들은 어떻게 일을 할까 궁금해서 호기심만 발동 될 뿐, 꼭 소풍 앞둔 아이 마음 같았다고 할까요? 저는 그랬어요.

어느 작가는 도보 여행을 몸으로 책을 읽는 것과 같다고 했어요.

제가 읽기에는 너무나 벅차고 어려운 책을 몸으로 다 읽었어요.

-본문 중에서-

뱅기 타고
처음으로
나라 밖으로

**오후** 2시 비행기지만 촌에 살다 보니 당일 비행기를 탈 수 있는 차편이 없어서 하루 전에 인천공항과 가까운 호텔에서 1박을 하고 일찌감치 공항으로 갔어요. 인천공항이 어떻게 생겼는지 궁금하기도 했구요. 같은 비행기를 타기로 한 사람들은 해외여행을 자주 가본 사람들이어서 그런지 거침이 없어보였어요. 인천공항에 처음 와본 촌 할매인 저는 신기한 것이 있을까? 두리번두리번하느라 눈을 바쁘게 움직였지만, 그리 눈길을 끄는 것은 없었어요. 사람이 많다? 조금 복잡하다? 정도. 낯선 곳을 많이 다녀서 그런지 낯선 곳에 대한 두려움은 그리 없어요. 아~ 여기는 이렇구나! 정도였어요.

출국 수속을 마치고 게이트 앞에서 오랜 시간 기다려야 했지만, 처음 만난 사람들과 함께 앉아 수다 떠느라 지루한 줄 모르고 있었네요. 그 시간이 제일 재미있었어요. 어떤 일이 있을지 모르니 재미있을 수밖에요.

  비행시간이 원래는 12시간인데 전쟁으로 노선 변경이 되어 2시간 늘어나 14시간 동안 비행기 안에 있어야 한다네요. 처음 타보는 거라 긴장 좀 할까? 했는데 일부러 뭐 하러 긴장해요?

  지루한 것 말고는 특별한 것이 없는 비행기 안에서의 시간이었어요. 내릴 수 없는 기차를 탄 느낌이랄까요? 궁금했던 기내식은 맛은 있었지만 좁은 의자에 앉아 움직임이 없어서일까요? 그리 식욕이 생기지 않아 음식을 다 먹지 못했어요.

파리 공항에
도착

**비행기에서** 내려 입국 수속하는 곳까지 전철을 타고 가야 한다네요. 공항이 얼마나 큰지 짐작이 안 되는 부분이었어요. 얼마나 크기에 전철을 타고 움직여야 할까요? 공항 밖으로 나가는데 별다른 절차 없이 여권을 스캔하더니 그냥 통과하래요. 비행기 타고 온 것이 아니라 꼭 우리나라서 지하철 탔다가 나가는 듯한 느낌이었어요. 분명 14시간 비행기 타고 왔는데, 그곳에서 일하시는 분들은 나가는 사람들을 쳐다보지도 않고 자기들끼리 얘기하고 있어요.

파리 공항에서
지하철을 타고
호스텔로


**저와** 걷기를 같이 하기로 한 분이 마중 나와준 덕분에 파리 지하철을 다 타봤네요. 파리 지하철은 우리나라 지하철과 비교하지 마세요. 우리나라 지하철이 훨씬 좋아요.

역에서 가깝고 가성비가 좋아서 예약한 호스텔은 다른 곳에 비해 숙박비가 저렴하다는 것 말고는 그리 좋은 후기는 없었어요. 숙박비가 저렴해서 그런지 각 나라에서 오는 여행자들이 많이 찾는 곳이에요. 여행자들에게 숙박비는 아주 중요하니까요. 도보 여행을 다니다 보면 가격 대비 괜찮은 숙소를 만나는 것만큼 기분 좋은 것이 없어요. 아주 가끔 이지만, 오래 머물고 싶거나 또 오고 싶은 곳을 만날 때도 있는데요, 산티아고 길에서도 그런 곳을 만날 수 있겠지요?

밤새
잠을
못 잤으니

**비몽사몽인** 정신 줄을 꼭 붙잡고 이른 아침 몽파르나스 기차역에 들어서니 눈이 절로 휘둥글. 모델같이 잘생긴 사람들이 바글바글. 못생긴 사람은 찾으려 해도 안 보였어요. 역에서 마주한 잘생긴 파리 아재들 때문에 촌 할매의 눈은 바빴네요. 체면 따지지 않고 이리저리 고개 돌리며 마음껏 봤어요. 언제 또 그렇게 잘생긴 사람들이 많이 있는 것을 보겠어요. 제가 막 봐도 상관없어요. 저만 봤지 그 사람들은 저를 안 보거든요.

그런데요, 물이 너무 비싸요. 우리나라에서 500~1,000원인 작은 생수 한 병이 3,500원이래요. 두 병 사려다가 한 병만 샀어요. 빵과 커피로 아침을 먹고 한참을 기다려서 처음 보는 이층 기차를 타고 출발~.

바욘을 거처
생장
도착




 **무지하게** 길고 거대한 이층 기차의 2층에 자리하고 나서야 처음으로 마음도 편해지고 여유로워졌어요. 창밖 풍경을 보니 처음에는 다른 나라에 왔다기보다는 우리나라 어느 도시를 지나는 느낌이었어요. 도심이라서 그랬나 봐요. 한참을 가다 보니 다른 나라에 왔다는 것이 실감 되네요. 너른 들에 드문드문 단층으로 지어져 있는 예쁜 집들, 풀을 뜯는 양들, 가끔은 말들도……
 기찻길 옆에 우리나라 개나리꽃처럼 노란색의 꽃들이 양손 벌려 환영하는 듯했구요, 여유로움이랄까? 넉넉함이랄까? 기차 타고 가는 시간 동안은 편하고 좋았어요.

 몽파르나스 역에서 바욘까지는 떼제베 기차였고, 바욘에서 생장까지는 완행 기차로 갈아타야 하는데 바욘 역에 도착하니 직원은 없고

메모지 한 장만 달랑 붙어 있었어요. 배낭 멘 여행자들만 웅성웅성. 종종 그런 날도 있나 봐요. 아무런 대책 없이 그러는 것이 아니라, 이런 때를 대비해 역 광장에 버스가 있었어요. 기차표를 예매한 사람은 버스요금을 내지 않아요. 버스 타고 생장으로 가는 길은 그림을 그리고 있는 듯했어요. 살금살금 내리는 비와 풍경이라는 화가가요.

산티아고 순례길의 출발점인 생장에 드디어 왔어요. 도착해서는 순례자 사무실로 갔어요. 그곳에서 알베르게나 카페에서 스탬프를 찍을 크레덴셜을 받아야 해요. 순례자인 것을 증명하는 거라서 크레덴셜이 없으면 알베르게에 들어갈 수 없어요.

순례자들의 배낭이라면 꼭 매달려 있는 조가비를 저도 하나 사서 배낭에 매달고는 한국 사람들에게 많이 알려진 55번 알베르게에 안착할 수 있었어요.

알베르게는 보통 오후 1시 이후에 들어갈 수 있어요. 이곳에 음식점, 마트 등이 있어서 피레네산맥을 넘을 때 필요한 먹거리를 준비할 수 있지만, 순례길에 필요한 물품들은 한국에서 미리 준비해서 오시길 권해요. 가격도 좀 비싸고 무엇보다 종류가 많지 않아 선택의 폭이 좁고, 품질도 그리 좋지 않아요. 유심칩도 미리 준비하세요. 이곳에서 사도 된다 해서 저는 그냥 왔는데 매장도 하나뿐이고 우리나라처럼 빠르게 해 주지 않아요. 생장에서 구입한 유심을 넣은 휴대폰은 피레네를 넘어 스페인으로 넘어가는 순간 먹통이 되어 무용지물이 되어 답답함을 덤으로 받아야 했어요.

  생장에 있는 마을의 집과 나무들은 크레파스로 꾹꾹 눌러가며 그린 듯 모든 것들의 색이 선명하니 참 예뻐요. 돌다리 밑으로 흐르는 물은 주변에 있는 나무들이 비춰서 물도 검은 초록색이 되어 흐르게 하네요. 마을 구석구석 돌 틈 사이에 핀 잔잔한 꽃들을 보며 돌 틈도 피어있는 꽃이 함께하면 예술작품이 될 수 있다는 것을 느꼈어요.
  식당에 가도 저녁 식사는 7시가 되어야 먹을 수 있어요. 7시 전에는 음료나 와인만 팔아요. 피레네산맥을 오르기 전 호기심과 기대에 찬 모습으로 마을 구경 다니는 순례자들을 흔히 볼 수 있는데요, 저는 구경하는 그 사람들이 재미있어 구경했네요.

## 4월 18일
## 첫 번째 날

**알베르게의** 하루는 보통 새벽 4시에 시작돼요. 생장은 첫날이라 준비해 온 것들을 배낭 안에 제자리를 찾아주는 게 익숙지 않아 배낭 꾸리는 시간이 오래 걸릴 수 있어요. 준비한 물이나 먹거리 때문에 무게도 만만치 않을 거구요. 그러나 동키(차편을 이용해 부치는 것)를 이용할 계획이라면 무게를 그리 신경 쓰지 않아도 돼요. 저는 어깨 위에 배낭이 얹혀 있는 것이 순례의 한 부분이라 생각해서 메고 다닐 계획이에요.

오늘 목적지인 오리손 산장까지는 7.4km인데, 평지나 내리막 없이 해발 900m까지 오르막 길이에요. 출발부터 비가 내려서 판초를 입었어요. 비를 맞으면서도 설레는 마음으로 일행과 같이 출발했어요. 비가 내리는 초록 들에는 말들이 풀을 뜯고 있고, 물안개는 공연할 때 피우는 연기처럼 몽환적인 느낌을 주었어요.

사진작가라는 대만 여자분이 찍어 준 사진은 제가 찍은 것과는 사뭇 달라 보였어요.

분명 출발지인 생장에는 순례자들이 많았는데, 날씨 때문일까요? 오르는 길에는 많지 않네요. 많은 순례자들이 오리손 산장에 머물고 싶어하지만, 예약이 일찍 마감되기때문에 예약을 못한 순례자들이 많아요. 그분들은 오리손 산장까지 걸어서 올라왔다가 택시를 이용해 다시 내려가 생장 숙소에서 자고 아침에 택시 타고 산장까지 다시 올라와서 피레네산맥을 넘어요.

오리손 산장까지 걷는 것을 건너뛰고 피레네산맥 넘는 것부터 하는 사람들도 있고, 산맥 넘는 것이 힘들다 하니 아예 론세스바예스부터 출발하는 사람들도 있다 해요. 개인적인 사정에 따라 다르겠지만, 생장부터 걷기를 저는 권한답니다. 걷지 않은 부분이 미련으로 남을듯 해서요.

저와 함께했던 일행도 예약이 안 돼 있어서 중간까지 올라오다 다시 생장으로 내려가고 저만 산장으로 올라갔어요.

비가 점점 세차지더니 바람까지 불어요. 거기다 물안개는 온 천지를 덮어 모든 경치를 가려 버렸어요. 경치가 안 보이니 더 힘들게 느껴지네요. 게다가 길도 자갈길이고 오르막 경사도 점점 심해졌어요. 할매 힘들어~~~~~.

비를 피해 쉴 수 있는 곳은 오리손 산장 2.3km 전 혼토 Honto 라는 펜션이에요. 그곳에 도착하니 아이들 서너 명이 약간의 과자, 초콜릿과 음료, 악세사리 등등을 팔고 있네요. 비로소 비를 피해 잠시 쉬면서 간식을 사 먹을 수 있었어요.

그곳에서 쉬고 있는 중에 50대 한국 여성분을 만났는데요, 처음 보는 사람이었지만 오랜만에 반가운 사람을 만난 듯 서로 포옹하고, 웃고, 떠들고…… 얼마나 힘든지 비 오는 땅 바닥에 대자로 눕는 청년도 있네요.

산장에 도착했으나 언어가 안되는 저는 알베르게에 들어가지도 못하고 비바람이 부는 카페 밖에서 우두커니 있어야 했어요. 혼토에서 만난 한국 여자분이 오시고 나서야 그분의 도움으로 숙소에 들어갈 수 있었어요.

비 맞으며 힘들게 올라와서일까요? 위가 점점 아프기 시작하네요. 전에 위경련으로 아파봐서 느낌을 아는데 꼭 그랬어요. 숙소에 들어올 수 있게 도움을 주신 여성분에게 만약에 밤에 아프면 도와달라 하고 싶은데 전화번호를 줄 수 있냐 했더니 기꺼이 번호를 주었어요. 밤에 통증이 심해지길래 도저히 안 될 듯해서 바로 옆방에 있는 그분께 톡으로 도와달라 했어요. 다행히도 그분은 위경련이 왔을 때 도움 되는 찜질 팩과 핫팩을 갖고 오셔서 밤사이 위경련을 진정시킬 수 있었어요.

 7.4km 걸었어요.

참...
오리손 산장에서는 저녁시간에 순례자들 모임이 있어요. 식사하며 자기소개를 하고, 노래와 춤을 추기도 해요. 참석하고 안 하고는 자유지만 저는 참석하고 싶었는데 아파서 흥겹게 노는 노랫소리만 들어야 했어요.

4월 19일
두 번째 날

**위경련은** 진정 되었지만, 저녁을 먹지 못했고 아파서 잠도 못 잔 상태라 출발해야 할지, 포기해야 할지. 아니면 차를 타고 론세스바예스까지 건너뛰어야 하나 고민이 되었어요. 그 고민의 순간에 먹을 수 있으면 가고, 먹지 못하겠으면 포기하자는 마음으로 카페로 내려갔어요. 바게트 자른 것과 오렌지 음료와 커피가 있었는데 다행히 먹을 수 있었어요. 산장 카페에서는 점심으로 먹을 샌드위치를 전날 신청받아 출발할 때 주길래 저도 신청했어요. 먹을 것이 들어가니 그제야 풍광이 보이기 시작하네요.

900m 높이에 위치한 오리손 산장의 이른 아침 풍광은 굽이굽이 넓게 펼쳐진 능선 위에 구름과 아침 안개가 함께 춤을 추고 있어요. 막 떠오르는 해는 붉은빛의 조명이 되어 춤추는 구름과 안개를 비추고 있네요.

산장 뒤편의 나무들은 잎을 흔들거리며 청중이 되어 박수를 치고 있는 것이 멋진 공연이 펼쳐진 듯 했어요. 오리손 산장에서 그리 멀지 않은 보르다에도 산장이 있지만, 그곳도 예약 마감이 빠르다 하니 미리미리 예약하시는 것이 좋아요. 저는 오리손 산장 예약을 7개월 전에 했는데 얼마 지나지 않아 마감되었다 했어요.

　피레네산맥은 산티아고 순례길 전 구간 중 가장 아름다운 곳이라고 해요. 능선 여기저기에 낮은 키의 꽃들이 봄을 얘기하고, 뜨거운 햇살은 여름을, 바닥에 쌓인 낙엽은 가을을, 멀리 보이는 능선의 눈은 겨울을 얘기하고 있어요. 그런데요, 아름다움에 취해 아무 곳에 앉거나 누우시면 안 돼요. 말 배설물이 곳곳에 있어요. 풀을 뜯어 먹고 살아서 그럴까요? 배설물이 풀과 구분이 안 돼요. 잘 살피고 앉으세요.
　중간쯤 가다 보면 트럭 카페가 있는데요, 그곳에서 마시는 커피는 우리나라 믹스커피만큼이나 맛있어요. 트럭 카페 아저씨가 "안녕하세요, 반가워요." 한국말로 인사하네요.

　피레네산맥은 지리산 종주 길처럼 능선길로 되어있어요. 능선은 광활하게 끝없이 펼쳐진 사막의 모래 언덕처럼 보였어요. 출발점인 250m 높이의 생장에서 출발해서 해발 900m 지점인 오리손 산장과 최고점인 해발 1,400m를 지나야 론세스바예스로 가는 내리막길이 시작돼요. 론세스바예스까지는 전부 내리막길인데 내리막이 시작되는 곳은 경사가 심하니까 조심, 또 조심하세요. 피레네산맥을 부상 없이 잘 넘어가야 순례길을 성공할 수 있어요.
그러니 되도록이면 자신의 페이스에서 벗어나지 마세요.

  론세스바예스 알베르게는 수도원을 순례자들의 숙소로 구조 변경한 곳이고, 183명을 수용할 수 있는 아주 큰 곳이지만 잠잘 곳은 이곳뿐이라 일찍 마감되기도 하니 가능하면 미리 예약 하시길 권해요. 예약하지 않으셔서 고생하시는 분들 여럿 봤어요.
  알베르게 외의 나머지 건물들은 예전 그대로의 모습이라 과거와 현재가 공존하는 공간을 구경하는 재미도 있어요. 카페나 레스토랑은 있지만, 마트는 왕복 4km 정도 되니 참고 하시구요. 주일에는 마트 문을 안 열어요.

 16.8km 피레네산맥을 넘어 24.2km까지 왔어요.

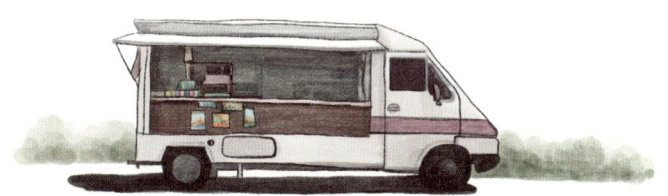

4월 20일
세 번째 날

　　　　　　　　　　**론세스예바스**에서 한밤 자고, 아침
이 오지 않은 캄캄한 새벽길을 휴대폰 불빛에 의지해 걷다가 쪽빛 하늘
을 보게 되었어요.
　해뜨기 전에 출발하세요. 어둠이 있어야 쪽빛 하늘을 볼 수 있어요.
해 뜨기 전에는 온 세상이 쪽빛 하늘 안에 있지만 해가 살그머니 고개
를 내밀면 쪽빛 하늘도 슬그머니 사라져요. 동화 속처럼 예쁜 동네에서
커피와 빵으로 아침을 먹으며, 다음에 또 산티아고에 온다면 이 마을에
서 자고 싶다는 생각이 들었어요. 아마도 동화 속 마을로 보이게 했던
것은 쪽빛 하늘 때문일 거예요.

　오늘 목적지인 주비리 Zubiri 까지 가는 길은 만만치 않아요. 오르막 내
리막의 연속이고 칼을 꽂아놓은 듯한 바위길에 경사가 심한 내리막길
을 지나가야 해요. 사고가 많은 지역이에요. 저도 이곳에서 사고가 날

뻔했어요. 경사가 아주 심한 돌 내리막길에서 엎어지는 바람에 큰 사고로 이어질 수 있었어요. 그런데 사고 날 것을 미리 알고 기다렸다는 듯 외국인 천사가 엎어지는 저를 받아줬어요. 그분은 안도의 웃음을, 저는 감사의 웃음을 서로 주고받은 사건이에요.

이 구간은 되도록이면 혼자 걷지 마세요. 제가 걷는 동안에 남자 세 명이 사망하는 일이 있었는데요. 젊은 프랑스 남자는 이 구간에서 사고로, 나이가 있으신 남자 두 분은 지역은 잘 모르겠지만 지병이 있으셨는데 쓰러지셨을 때 주변에 사람이 없어 처치가 늦어 사망한 것으로 들었어요.

주비리는 작은 도시라고 보시면 될듯했어요. 먹거리 조달을 위해 들른 마트에는 생고기, 훈제고기, 과일, 유제품, 술, 과자, 사탕, 컵라면(우리나라 것은 아니에요.) 등등. 마트는 작지만 다양한 물건이 순례자들의 지갑을 열게 하네요.

2시에서 4시 사이는 시에스타 Siesta 시간이에요. 이 시간에는 모든 가게들이 문을 닫으니까 참고 하세요. 요플레, 과일, 빵, 물, 사탕…… 모든 것이 신기한 촌 할매가 남의 나라에서 처음 장본 날이에요.

 21.4km 걸었고 45.7km까지 왔어요.

## 4월 21일
## 네 번째 날

**오늘도** 어둠이 남아있는 이른 시간 휴대폰 불빛으로 길을 밝히며 걷다가 하늘을 보니 쪽빛 하늘이 따라오며 눈 맞추자 하네요.

오늘은 팜플로냐 Pamplona 까지 가기로 했어요. 일행이 있어도 저는 대부분 혼자 걸어요. 거북이 발걸음인 저를 누가 맞춰주겠어요. 팜플로냐 예수마리아 알베르게는 사전 예약은 받지 않고 선착순이라서 함께 다니던 분은 쏭~ 가시고 저는 제 걸음으로. 어둠이 걷히면서 쪽빛 하늘은 사라지고 하늘에는 바다가 나타났어요.

도심을 벗어나 완만한 오르막길에 들어서면 울창한 나무숲이 터널처럼 그늘을 제공해 주었어요. 길가에 피어있는 야생화는 발걸음을 멈추고 사진기를 꺼내게 했구요.

주비리에서 팜플로냐 가는 길은 숲이 많아서 참 좋아요. 숲길 옆으로는 아르강 물줄기가 흐르는데, 남자들은 릴낚시를 하고 여자들은 강가 너른 들에서 개들을 뛰어놀게 하네요. 그 순간 목줄에 매인 채 이리저리 사람들을 피해 산책하는 우리나라 개들이 생각나는 것은 무슨 마음일까요? 이곳은 작은 송아지만 한 개가 대부분이지만 목줄은 하지 않았어요.

팜플로냐는 헤밍웨이가 카페 IRUNA에서 글을 쓴 것으로 유명해졌어요. 지금도 그 카페는 많은 사람이 찾아와 머무는 곳이에요. 7월 6일부터 7월14일까지는 팜플로냐의 수호성인 성 페르민을 기리는 종교축제인 성 페르민 소몰이축제가 열리는데 이때는 사람들이 너무 많이 몰리니 피하시는 것이 좋겠지만, 축제를 즐길 수도 있겠네요.
 성 페르민 축제는 헤밍웨이의 '해는 다시 떠오른다'란 작품으로 세계에 알려지게 되었다 해요. 이래저래 팜플로냐는 헤밍웨이와 인연이 깊은 곳이네요. 과거가 현재를 먹여 살리고 있어요.

예수마리아 알베르게는 122명이 들어갈 수 있는 론세스바예스 다음으로 큰 알베르게예요. 이곳은 예약제가 아니라 선착순이지만 늦게 도착해도 못 들어갈 일은 없어요. 큰 도시라서 잠잘 수 있는 곳이 많기도 하고 순례자들은 숙소를 미리 예약하고 여유롭게 다니기 때문에 분산돼서 그런가 봐요.

  예수마리아 알베르게 앞에는 팜플로냐 대성당이 있고 주변에는 마트, 병원, 약국, 바bar 등등 생활에 필요한 것들이 모두 있는 곳이라 순례자들이 대부분 머물다 가는 곳이기도 해요.

  알베르게는 주방, 세탁, 샤워, 손 빨래하는 곳이 잘되어 있어요. 가끔은 한국 순례자들이 욕을 먹기도 하는데요, 여럿이 함께 오는 팀일 경우 너무 씩씩해서 다른 나라 사람들이 보기에 기본 예의가 부족해 보여서 그럴 거예요. 빠르게 하고 다음 순례자도 이용할 수 있게 하는 것이 기본 예의겠죠.

  저녁 7시쯤부터 아이들 음악회가 1층 로비에서 있어요.
저는 그걸 모르고 그냥 누워있었는데 시끄러운 소리가 들리기에 워낙 사람들이 많으니 나는 소리인가보다 했는데 아이들이 하는 노랫소리였어요. 층고가 높다 보니 울림이 심해서 노랫소리인 줄 몰랐어요. 참석해서 들으시길 권해요. 순례자들을 위한 음악회 멋지지 않나요? 저는 멋진 순간을 놓쳐서 아쉬웠어요.

  알베르게 입실이 어떻게 이루어지는지는 아시죠? 남녀노소 구분 없이 자야 해요. 탱크 지나가는 듯한 코 고는 소리는 기본이구요. 혼자

온 남자분들 중에 안 씻는 분들을 이웃으로 만날 수도 있으니 냄새나 소음에 민감하신 분들은 신경을 무디게 하는 것이 도움이 될 거예요.

 20.3km 걸어서 66.1km까지 왔어요.

4월 22일
다섯 번째 날

**어둠이** 남아있는 이른 시간에 여자 다섯, 남자 한 명이 함께 출발했어요. 저와 한 사람만 일행이고 나머지 분들은 다 개인으로 오신 분 들이에요.

어둠이 남아있는 도심길 바닥은 방향을 나타내는 조가비가 잘 안 보여서 다른 길로 가거나 헤매는 경우가 있으니 여럿이 함께 출발하시는 것이 좋아요. 남자분들도 출발할 때만큼은 다른 사람들과 동행하세요. 웃고 떠들며 길을 가다가 카페가 보이면 같이 들어가 빵과 커피로 아침을 먹었어요. 도시가 커서 벗어나는 것이 오래 걸렸지만, 함께 걸으니 지루한 줄 몰랐네요.

도심을 벗어나니 양옆으로 밀과 보리가 바람에 이리저리 날리는 것이 꼭 머릿결 좋은 아가씨 머리 같았어요. 사진을 찍으려고 휴대폰을 넣고 다니던 주머니에 손을 넣는 순간 어~~~ 폰 없다! 소리 지르고 저는 뇌 정지. 같이 가던 사람들도 모두 얼음땡.

어디서 잃었는지부터 생각 해내야 했어요. 분명 알베르게 나오기 전에 휴대폰을 봤던 기억이 나서 그곳에 확인 전화를 해야 하는데 언어가 다른 현지인과 통화하는 것이 쉽지 않은 상황이었어요. 다행히 한 사람이 전화번호를 알아봐주고, 다른 한 사람은 어디서든 통화 가능한 전화기를 가지고 있었고, 또 한 사람은 언어가 되는 사람이어서 알베르게에 전화해 보관 중인 것을 확인했어요. 모두 기적이라고 박수치며 한국 사람 여섯 명이 길에서 방방~~~방.

끝없이 이어지는 밀밭을 지나다 뒤돌아서서 보면 팜플로냐 도시가 아득히 보일 때쯤 순례자들에게 중요한 상징적 의미를 지닌 용서의 언덕이 나와요. 해발 700m 지점에 있는 용서의 언덕은 순례자들이 산티아고로 향하는 여정에서 자신들의 죄를 용서받기 위해 이 언덕을 넘는다는 의미가 있어요.

중세 시대에는 이 언덕을 오르면서 죄를 씻고 용서를 받는다고 여겼고 언덕을 오르는 과정에서 고통과 노고를 통해 영적인 정화를 경험하는 중요한 의식과도 같았다고 해요.

용서의 언덕에는 철제 조각상이 있는데요, 순례자들이 산티아고로 향하는 모습을 형상화한 것으로, 순례자들의 고난과 희망을 상징한다네요. 어렵게 올라와 풍차가 있는 탁 트인 전망에서 잠시 쉬면서 나를 돌아보는 시간을 가질 수 있었어요.

　용서의 언덕을 넘으면 곧바로 내리막인데 자갈길이라 엉금엉금, 조심조심 걸어야 하는 길이에요. 신발이 단단하지 못하다면 아마도 발이 고생 좀 하게 될지도 몰라요. 언덕을 넘으니 반대편이라 그런가 올라올 때와 다르게 바람은 없네요. 조용한 동네 우테르가 Uterga 에 와서 배달된 배낭과 함께 휴대폰을 찾았어요.

 17.2km 걸었고 83.3km까지 왔어요.

4월 23일
여섯 번째 날


**컴컴한** 새벽길이 너무 좋아 혼자서 슬금슬금 출발했다가 이정표를 보지 못하고 지나쳐서 길이 아닌 길로 30분 넘게 걷다 되돌아와야 했어요. 되돌아오는 길까지 합하면 1시간. 약 올라라. 출발할 때는 여럿이 함께해야 하는데 건방 떨다가 이런 일이……

오늘은 푸엔테 라 레이나 Puente la Reina 다리를 건넜어요.
비 오는 날 다리를 건너는데 뭔가 다르게 느껴지긴 했어요. 사람들이 사진을 찍기에 '나도 찍자' 하고 몇장 찍었어요. 알고보니 스페인 여왕이 재건해 준 아주 유명한 다리라네요. 그렇게 유명한 다리인 줄도 모르고 건넜어요. 순례길이 800km가 된다는 것 외에는 순례길에 대한 지식이 없었기에 곳곳에서 무식이 막 넘쳐나고 있어요.
부산해진 발걸음으로 예약한 알베르게에 도착하니 한국 분이 맞아

주시는 거예요. 잃었던 엄마를 만나 그동안의 설움을 막 쏟아내듯 쉼없이 그분에게 얘기했네요. 작은 마을이라 마트가 없어서 알베르게 카페에서 제공되는 음식을 먹어야 하는데 한국 음식은 아니에요. 음식은 남편분이 하시는데 스페인 분이에요. 천진함이 남아있는 남편과 상냥함이 넘쳐나는 아내가 함께 운영하는 알베르게입니다.

마을 이름은 로르까 Lorca 랍니다.

 19.9km 걸어서 103km까지 왔어요.

4월 24일
일곱 번째 날

**친정집에서** 하룻밤 자고 떠나듯 아침에 요란한 헤어짐을 했어요. 갓 구운 맛있는 빵에 향이 좋은 커피, 금방 착즙한 오렌지 쥬스, 아~~~너무 감사하게도 커피와 쥬스는 돈을 받지 않았어요. 두 분과 사진도 찍었어요. 제가 아주 못 생겨서 사진을 잘 안 찍는데 이날만큼은 한 컷, 아니 두 컷.

오늘은 에스테라 Estera 를 지났어요. 포도주를 무료로 마실 수 있어서 순례자들에게 유명해진 곳이에요. 이런 곳이 있다는 것은 알았지만 이 지역인지는 몰랐는데 세월아 네월아 가다 보니 나오네요. 두 개의 수도꼭지가 있는데요, 각각 포도주와 물이 나와요. 포도주를 좋아하는 분들은 병을 미리 준비해서 받아 가기도 한다는데 괜찮은 것인지는 모르겠어요. 저는 알콜 분해 성분이 없어서 술 종류는 전혀 마시지 못하지만, 그냥 지나치는 건 예의가 아닌 듯해서 배낭에 매달린 조가비에다 아주 조금 따라 마셨어요. 다른 사람들은 맛있다 하는데 저는 뭐 모르죠. 그냥……

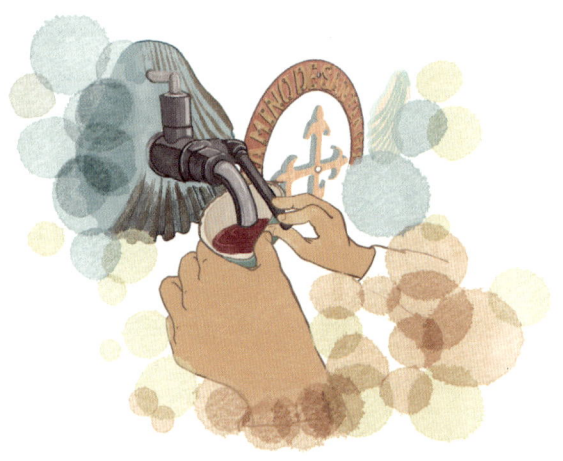

걷다 보면 철물 공방이 나오는데 아기자기 예쁜 작품들이 많아요. 순례자들이 구입 가능한 작은 크기의 것들이 대부분이었어요. 십자가, 귀걸이, 목걸이, 조가비, 반지 등등. 인상 좋은 두 부자가 운영하는 철물 공방이에요. 입구에는 한국 인사말 작품도 있네요.

조금 지나면 갈림길이 나오는데 예약된 알베르게로 가는 길이 아닌 다른 길로 잘 못 접어들었어요. 걷는 내내 순례자들이 보이지 않아 어~어~어 하면서도 방향을 알리는 표시가 있기에 그냥 갔는데, 순례길은 맞지만 순례자 대부분은 다른 길로 간다네요. 갈라지는 길이 있다는 것도 이날 처음 알았어요. 무식이 넘쳐났지만 웃으며 보고 있어요. 오늘도 넘쳤네.

  혼자서는 처음으로 숙소를 찾아 들어갔어요. 다른 나라 말은 한마디도 알아듣지 못하는 제가 믿을 수 있는 것은 번역기뿐이었어요. 잘 수 있는지를 번역기로 물어보니 씨~~~ , 땡큐. 그렇게 들어갔어요. 그런데요 제가 올 줄 알았다는 듯 한국 아저씨 한 분이 계셨어요. 갑자기 환해지는 느낌? 거기서 만난 한국 아저씨는 숙소 예약 없이 그날그날 기분 대로 걷다가 그만 걷고 싶으면 그 지역에서 잔대요. 잘 곳이 없으면 또 걷구요. 그렇게 걷는 남자분을 두 명 만났는데요, 한 분은 잘 곳을 찾지 못해서 밤새 걸은 때도 있었다네요. 남자라서 가능했던 것 아닐까요? 그렇지만 매우 위험하니 하지 않는 것으로 해요. 그곳에서 만난 한국 아저씨 덕분에 제가 길을 잘못 들어왔다는 것을 그때서야 알았어요.
  지금 머물고 있는 곳이 어느 지역이며, 얼만큼 왔는지도 모르는데 일행한테서는 톡이 오고. 난리, 난리가……

  날씨가 좋으면 너무 더워요. 오늘이 그랬어요. 혼자 되었으니 겁이 나거나 두렵거나 해야 하는데 편안한 것은 웬 마음일까요?

4월 25일
여덟 번째 날

**혼자서** 숙소를 해결한 첫날, 이른 시간 씩씩하게 아침 먹으러 들른 식당에서 외국인 부부와 청년을 만났어요. 말은 안 통하지만 각자 휴대폰을 이용해 인사하고 같이 사진 찍고. 순례길에서는 사진 인심이 좋아요. 일행이 없으니 다른 사람들로 채워지네요. 그분들도 길을 잘못 들어서 오게 되었대요. 일행 없이 혼자 걸어야 하나? 혼자 걸어도 될까? 처음으로 생각하게 한 날이었어요.

하늘도 예쁘고 길가에 핀 노랑 유채꽃, 발간 양귀비꽃 등은 너무 예쁜데 날씨는 너무 덥고 힘들어요. 기진맥진 알베르게에 도착하니 일행은 이미 와있었어요. 일부 구간은 택시로 왔대요. 아~그렇게도 하는구나.

휴대폰이 와이파이가 되는 알베르게를 제외한 모든 지역에서는 먹통 이었는데, 숙소를 찾다가 이곳에서 만난 한국 청년이 그 문제를 해결해 주었어요. 이 청년도 천사 대열에 합류. 천사들이 늘어나고 있어요.

  오늘은 시작점이 어디인지 몰라서 얼마나 걸었는지도 모르겠어요.

  도착한 지역명은 산솔 Sansol 입니다.

140.3km까지 왔어요.

4월 26일
아홉 번째 날

**오늘은** 로그로뇨 Logrono 에 있는 레알 수도원 공립 알베르게로 가기 위해 쪽빛 하늘과는 잠깐만 눈 맞춤을 하고 부지런히 걸어야 해요. 목적지인 레알 수도원 공립 알베르게는 예약 없이 선착순으로 들어가는 곳이라서 일행은 먼저 쓩~~~

저는 그동안 먹는 것이 아주 부실했어요. 이곳의 주식인 바게트에 이런저런 것들을 곁들여 먹는데 저는 곁들여 먹는 것도 입에 맞지 않아 과일과 물만 먹었어요. 먹는 것이 부실하니 점점 너무 힘들어서 레알 수도원까지 9.8km 남은 비아나 Viana 까지 와서는 멈출까? 생각했어요. 비아나는 공사 중이지만, 아주 오래된 대성당이 있는 큰 도시라서 사람들이 많았고 먹거리 조달이나 잠자리 찾기가 쉬운 곳이었어요. 이곳은 버스 타고 건너뛰는 순례자들이 많은 곳이라네요.

몸이 좋지 않아 멈췄다가 다시 걸을까? 생각했으나 길에서 만난 분들 도움으로 늦은 시간이지만 걸어서 알베르게에 도착할 수 있었어요. 늦게 도착했지만 제가 잘 곳은 한자리 남겨져 있네요.

레알 수도원은 13세기에 지어진 건물이고 무척이나 컸어요. 알베르게는 기부제로 운영되고 순례자들에게는 꼭 들르고 싶은 맛집과 같은 곳이지만 다음에 또 왔을 경우 이곳에서 잘 거야? 한다면 저는 NO 할래요. 큰 도시라 주변에 다른 숙소도 많아요.

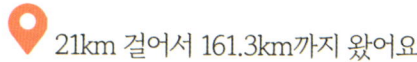 21km 걸어서 161.3km까지 왔어요.

4월 27일
열 번째 날

**캄캄할** 때 나왔지만, 쪽빛 하늘은 보이지 않았어요. 도심 속 새벽은 술에 취해있어서 하늘을 볼 여유가 없어요. 쪽빛 하늘을 보며 그날 하루 동안 쓸 에너지를 충전했는데, 오늘은 그럴 수 없네요. 이런 날은 시작부터 하루가 참 무거워요.

오늘은 비 맞이 한 날이에요. 도심을 벗어나면서 내리기 시작한 비는 멈추는 걸 잊은 듯 아주 열심히 내리기만 하네요. 목적지까지 반쯤 왔을 때 차 타고 건너뛰자는 의견이 나왔지만 저는 걷자고 했어요. 이미 속옷까지 젖었는데요 뭐. 비가 멈추지 않아 발걸음은 점점 빨라져서 예상보다 이른 시간에 알베르게에 도착했어요. 도착하니까 비는 그치고 해가 난 하늘은 출발할 때의 무거웠던 기분을 충분히 보상해 줄 만큼 아름다웠어요. 하늘이 너무 예뻐서 비 맞으며 걸었던 것도 잊게 해 주네요.

이곳에서는 한국 아저씨 덕분에 라면도 먹었어요. 다음에 또 오게 된다면 들르고 싶은 곳이에요. 작은 지역이라 마트는 없고, 알베르게 냉장고 안에 작은 마트가 있어서 순례자들의 식사 준비하기는 충분해요. 어제의 수고로움과 불편함을 충분히 보상받았어요.

예쁜 하늘 아래 정원에서 가벼운 차림으로 순례자들이 쉬고 있어요. 벤토사 Ventosa랍니다.

📍 19.2 km 걸었고 180.5km까지 왔어요.

4월 28일
열한 번째 날

**점점** 음식을 먹을
수가 없게 되었어요. 배는 무지 고픈데, 걸으려면
먹어야 하는데, 잘 먹어야 잘 걸을 수 있는데……
같이 걷는 한 사람은 에너지가 넘치는데,
저는 점점 더 바닥을 향하고 있어요.

오늘은 나제라 Najera에 왔어요.
산타마리아 대성당에서 하는 부활 5주일
미사에 참석할 수 있어서 그나마 위안이
된 날이에요.

📍 10.4km 걸어서 190.9km까지 왔어요.

4월 29일
열두 번째 날


　　　　　　　　　　　**몸이** 안 좋은 것은 내 사정이고, 일행이 있으니 짙은 쪽빛 하늘을 보며 이른 시간에 출발했어요. 오늘 목적지는 산토 도밍고 데 라 칼자다 Santo Domingo de la Calzada .
　20.9km 걸어야 하는데 몸이 버텨줄지는 모르겠어요.
　오늘은 그늘이 없는 들길을 걸어야 해요. 들에는 밀밭과 보리밭이 있고 포도밭도 있는데 포도나무는 아주 키가 작아요. 잎도 다 자라지 않은 아기 잎새였어요. 해는 따갑지만, 포도가 익기에는 아직 이른 시기인가 봐요. 가을 길 순례할 때는 포도를 얻어먹을 수도 있다 하네요. 바다처럼 펼쳐진 하늘 아래, 넓디 너른 들에서는 밀과 보리, 포도가 저희끼리 있어요. 다른 작물이 자라는 것은 보지 못했어요. 일하는 사람들도 안 보이네요.
　평지에서는 돌을 모아 만든 화살표를 볼 수 있는데, 누군가에 의해 시작된 것을 지나는 순례자들이 돌멩이 하나씩 얹다보니 지금까지 돌 화살표가 유지되고 있어요.

 오전 시간에는 해를 등지고 걸어서 아주 긴 자신의 그림자를 볼 수 있어요. 처음 보는 자신의 긴 그림자가 신기해서 순례자들은 자신의 그림자 사진을 찍어요. 저도 찍었어요.
 오후가 되면 해를 안고 걸어야 하니까 가능하면 일찍 시작해서 일찍 마무리하시길 권해요. 햇살이 장난이 아니에요. 오르막 내리막이 있는 길이었지만 흐린 날씨 덕분에 거북이 발걸음으로도 산토 도밍고 데 라 칼자다에 왔어요.

📍 오늘 20.9km 걸어서 211.7km까지 왔어요.

4월 30일
열세 번째 날

**떠나지** 못했어요. 먹지도 못하고, 설사까지 시작돼서 결국 주저앉았어요. 다음 숙소를 예약한 상태라 택시 타고라도 갈까? 했으나 구간을 건너뛰는 것이 싫어서 그냥 남기로 했어요. 함께 하던 분의 에너지가 저와는 너무 다르기에 민폐가 될까 싶기도 했구요. 혼자 감당해야 하는 일들이 엄두가 나지 않아 같이 나설까? 했지만 몸이 주저앉으니 어쩔 수 없었어요.

일행분은 자유로이 가시라 보내드리고 나니 마음이 편안해졌어요. 아무래도 천사가 기다리고 있어서 그랬나 봐요.

  아무것도 모르는 제게 길 찾는 것과 숙소 예약하는 방법을 알려주려 애쓰신 분. 약을 병째로 주시는 분, 한국에서부터 가져온 비상식량을 주신 분, 죽을 끓여 주신 분, 자신들이 먹을 때 한 숟가락이라도 먹어야 한다며 자리를 내주신 분.

  저는 먹을 것을 나누는 것은 생명을 나누는 거라 생각해요. 음식은 목숨을 살리잖아요. 그것도 한국에서부터 가져온 비상식량인데……
    이분들 천사인 거 맞죠? 몸은 힘들었지만 마음은 따뜻함으로
      가득 채워진 하루였어요.

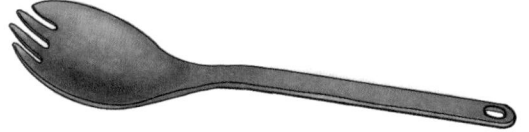

5월 1일
열네 번째 날

**머리는** 휭휭, 다리도 휘청. 고맙게도 함께해주겠다고 하는 분이 있었고, 다행히 설사도 멈춰서 앞서가는 분께 숙소 예약을 부탁드려 잘 곳을 마련해 놓고 천천히 걸었어요. 10km쯤 가니까 몸이 기운을 차리네요. 포기하지 않으니까 몸이 차라리 내가 기운 차리자 했는가 봐요. 다리에 힘이 들어가는 것이 느껴졌어요. 간혹 나타나는 바bar에서는 음료수를 마시며 힘을 보탰어요. 유채꽃이 아름다운 길이었지만 마음껏 예뻐하지를 못했네요.

벨로라도 Belorado 에는 벽화가 많아요. 아주 커다란 '새벽 별을 보며 떠나는 순례자' 벽화는 순례자들 사이에 유명한 그림이에요. 앞서가며 예약해 주신 분 덕분에 편히 숙소에 들어왔어요. 고맙습니다.
아~ 함께 출발했던 분은 숙소가 달라서 다 왔을 때쯤 헤어졌어요.

22.2km 걸어서 233.9km까지 왔어요.

5월 2일
열다섯 번째 날

**모든** 것을 혼자 해결해야 하는 첫 날이에요. 당황스럽긴 했지만 겁나거나 두렵거나 하지는 않았어요. 어색했다는 말이 맞을 거예요. 처음으로 혼자 카페에 들어가 커피와 빵을 주문해서 먹고 물을 사 가지고 나왔어요. 배탈이 난 후 제 주식은 크로와상과 커피가 전부라서 다른 것은 주문할 필요도 없었어요.

가장 큰 문제는 숙소 예약이에요. 대책이 따로 있는 게 아니어서 오카 Oca에 도착해서는 알베르게 앞에서 한국 사람이 지나가기만을 무작정 기다렸어요. 그것 말고는 할 수 있는게 없었어요. 그런데 지나가는 사람이 드물었어요. 이곳에서 부르고스까지는 직접 걷지 않고, 버스 타고 이동하는 사람들이 종종 있어서 그런가봐요. 지나가는 한국 사람도 드물어서 한참을 기다린 후에야 40대 초반으로 보이는 여자분이 보였어요. 그분도 두리번거리며 어딘가를 찾으시는데 다급한 마음에 도와달라고 붙잡고 사정했어요. 그분의 도움으로 숙소에 무사히 들어갔는데 천사를 또 만났어요. 아프다는 소식을 온라인 카페에 올렸는데 순례 중이던 카페 식구와 그곳에서 만난거예요. 그분도 한국에서 가지고 온 마지막 비상용으로 남겨 두었던 음식을 나눠 주시네요. 순례자들이 머물지 않고 지나가는 동네라 마트도 없었는데, 그분이 주신 것으로 저녁과 아침을 견딜 수 있었어요.

이곳에서 광주에서 오셨다는 의사 부부를 만났어요. 이분들과는 이후에도 여러 번 마주쳤고 도움도 많이 받았어요. 이렇게 천사들의 도움으로 하루 하루를 걸을 수 있었어요.

11.9km 걸어서 245km까지 왔어요.

5월 3일
열여섯 번째 날

                **새벽길을** 걷고 싶어서 이른 시간 나왔어요. 쪽빛 하늘을 마음껏 보며 걸었어요. 그런데 너무 추워요. 걷다 보면 땀이 나야 하는데 콧물 닦기도 어려웠어요. 피레네산맥은 눈, 바람, 우박까지 내려서 입산 금지 시켰다네요.

  피레네는 운이 좋은 사람에게만 아름다운 풍경을 허락한대요. 좋은 풍광을 보며 그 길을 걸은 저는 분명 운이 좋은 사람인 거겠죠. 이곳은 순례자들이 건너뛰는 부분이라 지나가는 사람들이 많지 않은 길이었어요. 게다가 산속으로 난 길이어서 카페나 바 Bar 도 없었구요. 콧물 닦으며 가다 보니 리어카 카페가 나왔어요. 주인은 멋있는 척했지만, 카페는 전혀 멋있지 않은 옹색한 리어카였어요. 그래도 보온병에 담겨있는 커피는 고마운 양식이 되었나 봐요. 마시고 나니 훨씬 컨디션이 좋아졌어요. 얼마냐고 했더니 씩 웃으며, 낡은 조가비를 내밀며 자유 요금이라네요. 이러면 더 많이 내야 한다는 것을 아시는 거죠.

걸을 때 고생스러웠던 날은 대부분 숙소가 좋았어요. 이번에는 한적한 마을이라 숙소에 대해 기대하지 않았는데 4인실에 세면장도 방마다 따로 있고, 거기다 아래층에는 카페를 운영해서 여러 가지로 매우 편안했어요.

아헤스 Ages에 있는 파구스 Fagus 알베르게랍니다.

 15.7km 걸었고 261.5km까지 왔어요.

5월 4일
열일곱 번째 날

　　　　　　　　　　**오늘은** 빌라프리아 Villafria 까지 갈 거예요. 부르고스는 많은 순례자들이 모이는 곳이라 숙소예약이 어려워 부르고스 Burgos 8.8km 전 지점에서 멈추기로 하고 호스텔을 예약했어요. 이 구간은 많은 순례자들이 건너뛰는 구간이기도 해요. 하늘, 땅, 나무, 꽃을 보며 걷던 순례자들에게 도심 속 길은 지루하고 재미없는 길일 거예요. 재미없는 길도 순례길인걸요. 저는 걸었어요.

　한국에서 온 의사 부부를 길에서 만나 그분들의 도움으로 호스텔을 어찌어찌 찾기는 했지만, 오픈이 오후 4시 이후라 3시간 가까이 기다려서야 들어갈 수 있었어요. 일찍 들어가서 쉬고 싶었는데⋯⋯ 계획은 얼마든지 세울 수 있지만 결과는 알 수 없어요.

　간식을 준비해 들어간 호스텔은 참 어색하기만 했어요. 코 고는 소리도 안 들리고, 시간이 얼마가 되었든 전깃불 끄는 사람도 없고, 침

낯이 아닌 바스락거리는 깨끗한 시트인데 잠은 오지 않고. 뭐죠? 이것이 순례자의 운명일까요?

📍 13.8km 걸어서 275.2km까지 왔어요.

5월 5일
열여덟 번째 날


　　　　　　　　　　　　**도심** 속 매연을 맡으며 8.8km 걸어서 오전 10시 조금 지나 부르고스에 도착했어요. 미사도 참석했어요.
대성당 등 볼거리가 많았지만 제 관심은 밥 먹는 것이었어요. 이곳에 한국 음식 파는 곳이 있거든요. 떡볶이, 비빔밥, 라면, 김치찌개 등등. 마음껏 실컷 먹고 싶었는데 주일에는 영업을 안 한다네요. 주일날 아침에 도착했는데 어째요. 갑자기 너무 많은 음식을 먹으면 진짜 큰 탈이 날 수도 있으니 못 먹게 된 것이라고 생각하기로 했어요. 이곳에서 새로운 귀한 인연을 만났으니 괜찮아요. 그분들과 소고기덮밥 비슷한 것을 먹었어요. 오랜만에 밥을 먹었네요.

　많은 사람이 이곳에서 연박을 하는데요, 이곳에서 140km 떨어진 빌바오 Bilbao 에 가면 구겐하임 미술관을 관람할 수 있어요. 볼거리가 많아 관광하기에 좋은 곳이라서 여러나라에서 많은 사람이 오는 곳이에요. 버스로 왕복 6시간 정도 걸린대요.

다른 사람이 찍은 사진을 보니 멋있어 보이기는 했지만, 몸도 안 좋았고, 걷는 것 외에는 관심이 안 가서 저는 가지 않았어요.

📍 8.8km 걸어서 284km 지점인 부르고스까지 왔어요.

## 5월 6일
## 열아홉 번째 날

　　　　　　　　　　　**일찍** 나왔어요. 번잡한 도심은 편안하지가 않아요. 편의 시설이 없어도 한적한 시골이 좋은데 부르고스는 너무 복잡해요. 도심을 빠져나오는 데도 오래 걸렸어요.

　도심을 걸을 때는 개를 조심하는 것이 좋아요. 개와 산책하는 사람들이 많은데 목줄을 하지 않아요. 순하긴 하지만 덩치가 작은 송아지만 하니까 옆에 오면 공포감이 들어요. 아주 가끔이지만, 순례자 중 다친 사람도 있다네요. 그리고 개 배설물을 수거하지 않으니 비 오는 날 도시를 걸으실 때는 잘 살피면서 걸으세요. 그래도 도심만 벗어나면 하늘은 여전히 예쁘네요. 들에는 초록이들이 자라는 것을 볼 수 있어요. 돌이 있는 흙길에는 돌로 표시된 화살표를 자주 볼 수 있으니 돌 하나 얹어서 보태보세요.
　걷다 보면 죽은 순례자 돌무덤도 보시게 될 거예요. 시신이 있는 것은 아니고 그곳이 죽은 장소라고 해요.

　배고플 때쯤 되면 카페가 나오니까 먹거리를 많이 준비하지 않으셔도 돼요. 혼자 먹는 것도 좋지만 카페에서 여러 나라 사람들과 눈 마주치며 먹는 것도 재미있어요. 언어가 되는 사람들은 이곳에서 많은 대화를 나눌 수 있어요.

　처음으로 직접 숙소 예약을 했는데, 막상 도착해보니 제 잘못으로 엉뚱한 곳에 예약이 되었다네요. 작은 마을이지만 순례자들이 많이 머물다 가는 곳이라 숙소는 여러 곳이 있었지만 모두 만실이었어요. 또 뇌정지가 되려했어요. 마침 부르고스에서 함께 밥을 먹은 분들을 그곳에서 만나 그분들의 도움으로 다행히 길거리 잠을 면하게 되었어요. 또 다른 한국인 부부도 만났는데 숙소 예약하는 방법을 제가 이해하기 쉽도록 아주 자세히 알려 주셨어요. 오늘도 귀한 분들을 만난 날이 되었어요. 그분들과는 길에서 만났다 헤어지고 또 만나고. 여기는 호르니로스 델 까미노 Hornillos del Camino 예요.

 20.6km 걸어서 304.5km까지 왔어요.

5월 7일
스무 번째 날

**그늘이** 귀한 평지를 걸었어요. 하늘은 오늘도 여전히 예뻐요. 지나는 길에는 양귀비와 이름 모를 작은 키의 노랑, 보라색의 꽃들이 지친 몸에 위로를 줘요.

순례길을 걷다 보면 빈집을 많이 볼 수 있어요. 겉모습은 그런대로 유지하고 있어서 구분이 안 되지만, 자세히 보면 사람이 살지 않는 집이라는 것을 알 수 있어요. 외관이 좋게 유지되고 있는 집이라도 사람이 살지 않는 집에서는 온기가 느껴지지 않아요.

혼타나스 Hontanas 에 가면 태극기가 펄럭이는 카페를 만날 거예요. 도심 외의 지역에서 카페가 보이면 가능하면 요기를 하세요. 도심은 먹거리 조달이 쉽지만, 순례길은 꼭 필요한 곳에만 있어요.

카스트로헤리즈 Castrojeriz 가 오늘 목적지예요. 이곳에 가면 비빔밥을 먹을 수 있어요. 한국 여자분이 현지인 남편과 운영하는 오리온

Orion 알베르게예요. 비빔밥은 저녁 메뉴고 낮에는 라면과 김밥을 먹을 수 있어요. 저는 자리가 없어서 잠은 다른 곳에서 자야해서 저녁 메뉴인 비빔밥을 먹지는 못했지만. 오리온에서 김밥에 라면을 먹었고, 햇반과 컵라면, 과자에 통조림과 김치를 잔뜩 사 들고 왔어요.

  골목 집 앞에 작은 의자를 내놓고 표정 없는 모습으로 앉아 계신 할머니가 눈에 들어오네요. 순례자들이 없다면 아마도 적막강산 일텐데…… 우리나라 시골 할머니들이 훨씬 나은 것 같아요. 우리나라에서는 쉼터에서 밥도 같이 해 먹고 화투도 치고 그러잖아요.

  이곳은 조금 일찍 와서 마을을 둘러보시는 것도 좋을 듯해요. 마을 전체가 성을 옮겨 놓은 것 같아요. 작은 마을이라 다 둘러봐도 오래 걸리지는 않을 거예요. 오르막이라 좀 힘들기는 하지만 성에 올라 내려다보는 풍경은 같은 높이에서 보는 것과 많이 달랐어요. 다음에 또 간다면 자세하게 둘러보고 싶은 곳으로 찜한 곳이에요.

 19.4km 걸어서 323km 카스트로헤리즈까지 왔어요.

5월 8일
스물한 번째 날

**순례자가** 없다면 인적이 끊겼을 높은 마을에서 내려다보니 오늘 걸어야 할 길이 아득하게 보였어요. 그 길 끝에 긴 오르막이 보였어요. 배낭을 짊어진 사람들이 오르고 있네요. 만난 적도 없고, 만날 일도 없는, 나라가 다른 사람들이지만 낯설게 느껴지지 않는 것은 배낭을 짊어지고 오르는 사람들에게서 제가 보여서일까요?

오늘도 햇빛은 작렬, 그늘은 실종. 하늘과 땅만 보고 걸었어요. 순례자들은 거의 표정이 없는 침묵으로 일관하며 걸어요. 서로에게 주고받는 인사에서 느껴지던 들뜬 느낌은 사라지고 있어요. 여행자에서 순례자로 바뀌는 과정이라 생각해요. 너무 더워서 작은 그늘이라도 보이면 그늘 밑으로 가지만 거기에는 무수히 많은 생명이 미리 차지하고 있어 그늘 신세를 지는 것도 만만치 않네요.

생리현상은 자연 화장실을 이용해야 해요. 침묵 속에서 걷는 길, 이렇게 힘든 길을 사람들은 왜 그렇게 오고 싶어 하고, 또 오려 하는가를 많이 생각한 날이었어요.

힘들지만 길은 여전히 예뻐요. 초록이들이 길 양옆에서 자라고 있고, 말들은 급할 게 뭐 있냐는 듯 여유롭게 풀을 뜯고 있어요. 하늘 바다에는 구름이 한가로이 거닐고 있어요.  오늘 목적지인 프로미스타 Fromista 에 가기 전 아주 긴 수로가 있는데요, 수달도 있다는데 보지는 못했지만, 폭이 좁고 긴 배를 타는 사람들은 봤어요.

그동안은 숙소 예약을 할 줄 모르니, 조금만 걷고 일찍 알베르게로 가서 문 열 때까지 기다렸다가 해결했는데, 길거리 잠을 잘 뻔한 저를 구제해 준 귀한 분들이 알려 준 대로 해서 처음으로 제가 숙소 예약을 성공한 날이랍니다. 또 지금껏 카페에 가면 손가락 주문으로 빵과 커피를 사 먹었었는데, 음식 주문도 해서 먹었구요.
제가 너무너무 장해서 저에게 엄지척, 굿! 칭찬했어요.

25.2km 걸어서 349km, 프로미스타까지 왔어요.

5월 9일
스물두 번째 날

**평소처럼** 어둠이 남아있을 때 나왔어요. 아, 현금 인출을 해야 하는데, 외국 청년이 지나가기에 해달라 했더니 웃으며 해주네요. 컴컴하고 아무도 없는 길에서 카드를 주며 돈을 빼 달라고 한 것이 위험했을까요?

오늘 걸어야 하는 길도 평지. 그늘이 없는 길. 더위도 더위지만 지루함과 싸워야 하는 길.

오늘 목적지 카리온 데 로스 콘데스 Carrion de los Condes 는 마을이 커서 학교도 있고 알베르게도 많아요. 큰 마트도 있어서 먹거리 해결이 좋은 곳이에요. 이곳에서 닭고기와 과일을 사다 먹었어요.

제가 묵은 알베르게는 아주 오래된 수도원이었는데 잘 보존되고 있었어요. 오랜 세월 전부터 있었다는 것이 곳곳에서 엿보였어요. 주방 시설도 괜찮았어요. 이곳에서 만난 한국 아저씨한테 틈만 나면 질문을 했더니 나중에는 피해 다녔지만 저는 쫓아가서 물어보고 또 물어보고……

알베르게 이름은 산타클라라 Santa Clara. 숙박비는 9유로예요.

📍 18.6km 걸어서 367km까지 왔어요.

5월 10일
스물세 번째 날

**이른** 시간에 나와 하늘을 보니 역시나 쪽빛 하늘이 기다리고 있었어요. 도심에서 본 하늘은 금세 잊히는데, 시골길에서 마주한 하늘은 자꾸 생각이 나요. 저만 그럴까요?

오늘은 17.2km를 가야 하는데 카페나 바bar도 없는 길을 걸어야 해요. 중간쯤에 트럭 카페가 있기는 하지만 문을 열었는지는 가봐야 안다네요. 다행히 열려 있어서 인심 좋게 건네주는 오렌지 쥬스와 크로와상을 사 먹을 수 있었어요. 힘들게 오른 산이 아름다운 산이듯, 순례길도 힘든 구간일수록 기억에 남는 길이 돼요.

평지 길은 두 가지 방법으로 걸어요. 아무 생각 없이 걷거나 깊은 생각으로 빠지거나. 저는 주로 후자에 속해요. 아름다운 길은 감탄하느라 생각에 빠질 여유가 없어요. 보는 것만으로도 가슴이 벅찬걸요?

알베르게에 도착하는 사람들을 보니 모두 벌겋게 익어서 도착하네요.
깔사디야 데 라 꾸에자 Calzadilla de la Cueza 입니다.
에고 힘들어라……

📍 17.2km걸어서 384.9km까지 왔어요.

5월 11일
스물네 번째 날

**어둠이** 많이 남아있는 시간에 출발. 휴대폰 불빛에 의지해 걸었어요. 이른 시간이라 그런가 걷는 사람은 저 혼자였어요. 일찍 출발하는 사람들을 보면 한국 사람일 때가 많아요. 뒤에서 어느 나라 사람이 오나 발걸음 소리만으로도 알 수 있어요. 종종걸음이면 한국인이고, 성큼성큼 걸어오면 외국인이에요. 아주 먼 거리를 갈 계획이 아니면 외국인 순례자들은 대부분 해가 뜬 후에 출발하는데, 성큼성큼 걸음이라 종종걸음으로 걷는 사람을 금세 따라잡아요.

어두운 길을 걸을 때는 두려운 생각을 들게 하지만 그냥 가만히 두면 두려움은 나를 어떻게 하지 못해요. 가까이 가지 않고 바라보고 있으면 두려움도 가까이 오지 않고 바라보다가 어둠이 걷히면 사라져요.

한참을 걷고 나서 어둠이 조금씩 걷힐 때 뒤에서 성큼성큼 오던 외국인 순례자가 저에게 손짓을 했어요. 응? 뭐지? 가리키는 곳을 보니 하늘에서 불이 났네요. 전에도 하늘에 불이 나는 것을 봤지만 이번에는 아주 큰 불이었어요.

화산에서 흘러내린 듯한 용암의 검붉은 빛이 온 하늘을 덮고 있어요. 땅바닥에 철푸덕 주저앉아 불난 하늘을 넋을 놓고 보게 되었어요. 바다같이 너른 하늘이 온통 검붉은 불로 꽉 채워져 가슴이 벅차서……………………………………!

오늘은 중간지점인 사하군 Sahagun 까지 가요.

사하군에 있는 클루니 Cluny 공립 알베르게는 많은 곳이 그렇듯 예전 수도원을 순례자 숙소로 쓰는 곳이에요. 64명이 잘 수 있고 숙박비는 7유로로 가장 저렴했지만, 시설이나 관리는 1등급을 줘도 괜찮을 곳이었어요. 각국의 순례자들에게 이곳은 맛집으로 유명한 곳이라 미리 예약 하셔야 해요. 1인실, 2인실, 3~4인실로 되어있는데 7유로는 3~4인실 요금이니 참고 하시구요. 저는 처음에는 3인실을 배정받았지만 2층에서 자는 것은 자신이 없어서 돈을 더 주고 1인실로 옮겼어요. 1인실 요금은 생각이 안 나네요.

중간 크기의 도시지만, 먹거리 조달이나 필요한 것들을 보충하기에 좋은 곳이에요. 맛집도 많은가 봐요. 도시의 숨결이 그리웠을 젊은이들은 고삐 풀린 망아지들처럼 비 오는데도 신나서 돌아다니네요.
이제 반이나 왔고 반이나 남았어요.

이곳에서 귀한 인연과 새로운 인연을 또 만났어요. 함께 식사를 했지만, 역시나 저는 먹을 수 없었어요.

📍 22km 걸어서 407km까지 왔어요.

5월 12일
스물다섯 번째 날

**새벽부터** 걸어야 해요. 해가 뜨면 그때부터는 비명도 안 나올 만큼 힘든 시간이 기다리고 있어요. 끝이 없을 듯한 길을 뜨거운 햇볕을 고스란히 받으며 걸어야 해요. 마을도 거의 없어서 삭막하기까지 하지만 순례자들은 온몸으로 더위를 견디며 걸어요. 저두 그렇구요.

 오늘은 엘 부르고 라네로 El Burgo Ranero 까지 왔어요. 사하군에서 함께 했던 분들도 이곳에서 다시 만나 저녁을 함께 먹었어요. 순례자들은 일찍 도착해서도 다음 숙소 예약을 해야 해서 마음에 여유가 없네요. 예전에는 걷다가 머물고 싶은 곳이 있으면 숙소에 들어갔다는데, 코로나 이후부터 예약제로 바뀐 것 같아요. '네가 예약하니까, 나도 예약'하게 되었나 봐요. 코로나 이후 숙소 시설은 대부분 좋아졌지만 여유로움은 없어졌어요.

도메니코 라피 Domenico Laffi 알베르게는 기부제로 운영되는 공립 알베르게예요. 시설은 별루지만 주변에 숙소도 몇 군데 없는데다가 대체로 비싸서 순례자에게 이곳은 아주 고마운 곳이에요.

　오늘은 문득 순례자들이 벗어놓은 신발이 눈에 들어왔어요. 흙먼지가 쌓인 채로 나란히 있는 신발에서 순례자의 걸음걸음이 느껴졌어요. 상표가 보이는 새 신발일 때는 자물쇠를 채우는 사람들이 간혹 있지만, 신발에 흙먼지가 뒤덮일 때쯤에는 그냥 벗어놓아요. 몸에도 그만큼 피곤이 쌓여서 신발에 신경 쓸 여유가 없어요.
잠자고 일어나면 걸어요.

 17.8km 걸어서 424.7km까지 왔습니다.

5월 13일
스물여섯 번째 날

**오늘** 목적지는 만실라 데 라스 무라스 Mansilla de las Mulas 까지 가야 하는데 출발 전부터 숙소 예약 때문에 전쟁이에요. 이럴 때는 여유로움은 저 멀리 떠나가고 조급함 때문에 주변이 눈에 들어오지 않아요.

레온에 들어가기 전, 순례자들이 많이 머무는 곳인데도 알베르게 두 곳이 없어져서 잘 곳이 부족했어요. 새로운 인연과 3일을 함께 하기로 하고 그분이 호텔 예약을 했는데 이름만 호텔이네요. 그래도 길거리 잠은 안 자게 된 것에 감사했죠. 그런데요, 비 오는 길에서 진짜 길거리 잠을 잘 수밖에 없던 할배가 나타나서 할매 둘하고 한방에서 잤어요.

산타도밍고에서 제가 아플 때 죽을 나눠 먹은 동지인데 길에서 만나니 반갑기도 했지만, 길거리잠을 자야 하는 상황이 걱정돼서 제가 제안했어요.

　순례길에서는 어떤 상황이 일어날지 예측하기 어려우니 도울 수 있으면 서로 돕고, 그날 하루만 생각하며 걸어요.

18.8km 걸었고 443km까지 왔습니다.

5월 14일
스물일곱 번째 날

**저는** 비를 많이 만나지 않았지만, 가을에는 비 만날 준비를 하는 것이 좋다네요. 너무 덥다 보니 비가 그리웠으나 그건 제 사정이겠죠. 오늘은 순례길 중 몇 안 되는 큰 도시 레온 Leon 에 가요. 거기서 연박 하려구요. 살짝 언덕을 넘어가는 길도 있지만 피레네산맥도 넘었는걸요.

새로운 인연과 함께 할 2인실로 2박 예약을 했고, 숙소 앞에서 만나기만 하면 되니 편하게 걸어도 되는 길이었어요. 그런데요, 레온에 들어가기는 했는데 갑자기 휴대폰이 먹통이 되어 꼼짝달싹할 수가 없게 되었어요.

사람이 많이 다니는 길목이라 지나가는 사람들에게 밀리듯 이리저리 치이면서도 눈에 불을 켜고 한국 사람이 나타나기만을 기다렸어요. 한 30분을 기다려서 만난 젊은 여자분이 저를 도와주려 했으나 그분은 해결해 주지 못했고 다음에 만난 젊은 남자분의 도움으로 간신히 해결할 수 있었어요. 매일매일이 어려움의 연속인 날들, 그때마다 도움을 주었던 분들이 제게는 모두 천사들이세요.

숙소에 오니 깨끗하고 좋은 침구와 푸짐하고 맛있는 음식이 고생한 마음을 다독여 주었어요. 2인실이고 각자 침대를 쓰니 이층침대 위층이 무너질까 걱정하지 않아도 되고, 일어날 때마다 머리 쿵~ 할까 봐 조심하지 않아도 돼서 좋았어요. 무엇보다 편하게 마음대로 씻을 수 있는 것이 너무 좋았어요.

📍18.7km 걸었고 462.2km 지점인 레온까지 왔어요.
내일은 안 걸어요.

5월 15일
스물여덟 번째 날

**느지막이** 일어나 해 주는 밥 먹고, 바로 옆 성당으로 가서 미사에 참석했어요. 수도자들의 정신이 남아 있는 정원도 둘러보고, 점심밥을 먹고는 옛날 건물로 빽빽한 좁은 골목길을 어슬렁어슬렁 걸어 레온 대성당에 도착했어요. 성당 건물이 어마어마하네요. 인형처럼 작고 예쁜 아이들도 보고, 사진도 찍고, 장이 선 것도 구경하고, 저녁에 다시 와서 대성당 미사도 참석했어요.

 밤이 되면 불빛에 대성당이 오묘한 장면을 연출하는데요, 그 장면을 사진에 담고자 많은 사람들로 북적이는 것이 낮과는 아주 다른 분위기였어요. 무지하게 큰 성당이 제가 사는 촌의 작은 성당을 생각나게 했네요.

 아~, 그러고 보니 레온에 와서 처음으로 밤을 봤어요. 알베르게는

9시가 되면 컴컴하게 하고 조용해져요. 순례자들은 이른 시간부터 걸어야 하니 일찍 자는 것이 룰이에요. 이곳에서의 9시는 우리나라 6시 같아서 해가 진 것을 한 번도 못 봤는데 레온에 와서 봤네요.

이곳 레온에서 한 부부를 만났는데요, 생명의 은인이 될 귀한 분들과 인연이 된 곳이랍니다.
오늘은 안 걸었어요.

5월 16일
스물아홉 번째 날

**3일을** 함께한 분과 헤어져 다시 혼자 걸어요. 도심길은 조가비 표시를 확인하며 가셔야 해요. 레온은 들어갈 때도 복잡했지만 나갈 때도 매우 혼잡했어요. 비가 내렸다 그쳤다를 반복해서 덩달아 판초를 입었다 벗었다 해야 했구요. 도심은 두 시간 가까이 걸어서야 벗어날 수 있어요. 어두운데 비까지 오니 바닥에 있는 조가비가 보이지 않아 몇 번이나 길을 잃었었어요.

 길을 잃었을 때는 여기저기 다니며 길을 찾으려 애쓰지 마시고 그 자리에서 가만히 주변을 둘러보세요. 바닥을 보면 조가비 문양이 보이고, 위를 보면 나무 위나 건물 어딘가에 화살표가 보여요. 순례자를 만날 수도 있지만, 지나가는 사람들이나 이른 시간에 청소하는 분들을 종종 보는데요, 그분들에게 '산티아고' 한마디만 하면 상냥하게 가르쳐 줘요. 힘든 구간은 없었는데 도심을 벗어나는 것이 가장 힘들었어요.

  도심을 벗어나서는 휴~~~.

  도심을 벗어나는 것은 힘들지만, 좋은 것이 있긴 해요. 카페가 많아서 배고플 일은 없다는 거예요. 카페에 들를 때마다 스탬프도 쾅! 쾅! 쾅! 열심히 찍었어요. 카페에서 순례자들과 나누는 인사도 재밌었어요. 한국 순례자들은 한국순례자들과 인사 나누는 걸 어색해했지만, 저는 지나치다 싶을 만큼 아주 열심히 인사하고 다녔어요. 처음 보는 사람이고, 앞으로도 만날 일이 없는 사람들이겠지만 오랜만에 만나는 반가운 사람처럼 호들갑스럽게 인사를 했어요. 왜냐면 그 순간, 그 자리에서 마주쳤다는 것은 살면서 한 번은 꼭 만났어야 하는 사람이지 않았을까요? 상대는 머쓱해하지만 저는 방방거리며 반가워했어요. 할매의 주책이라 해도 상관없어요. 그분들 얼굴은 기억에 남겨져 있지 않지만, 반갑게 인사했던 마음은 자국처럼 남아있어요.

  알베르게에 일 등으로 도착, 두 시간을 기다려서 숙소에 들어가는 것도 일등. 얼른 씻고는 침낭 깔고, 배 쭉 깔고 과자 먹으며 유튜브 보고 있으니 천국이 따로 없었어요. 음식 해 먹기에 괜찮은 주방이라서일까요? 많은 순례자들이 음식을 만들어 먹네요. 좋아하는 음식을 만들어 먹어서인지 모두들 편안한 모습이었어요.

준비해준 아침은 푸짐하고 넉넉하고……감격.

기부제라서 숙박비 내는 것이 자유였으나 많이 내는 것이 전혀 아깝지 않은 곳이었어요.
비야당고스 델 파라모 Villadangos del Paramo 에 있는 공립 알베르게랍니다.

20.5km 걸었구요, 482.7km까지 왔어요.

5월 17일
서른 번째 날

**숙소** 때문에 길거리 잠을 잘뻔했던 호르니로스 델 까미노에서의 일이 충격이었는지 그곳에서 하나뿐인 수건을 놓고 왔어요. 그 후에는 손수건 하나로 해결하고 다녔었는데 손수건마저 언제인지도 모르게 잃어버렸네요. 걷다 보면 길에 수건, 장갑, 모자, 옷도 떨어진 것을 볼 수 있어요. 저만 흘리고 다니는 것은 아니랍니다.

알베르게에는 대부분 작은 바구니를 두고 있고 그 안에는 항상 뭔가가 있어요. 순례자들이 자신에게 필요하지 않거나 갖고 다니기 부담스러웠던 것들을 놓고 가기도 해요. 당장 사용할 수건이 없어서 그 바구니를 뒤져서 몇 가지 득템 했어요. 작은 빨래망, 수건, 배낭에 덜 마른빨래 매달고 다닐 때 필요한 집게와 줄을 모두 갖고 왔었는데 언제인지도 모르게 잃었어요.

바구니에 패딩이 있는 곳도 있어요, 드물지만 신발이 있는 곳도 있구요. 순례자들이 많이 오는 규모가 큰 알베르게에는 물건이 많고 다양했어요.

숲길은 짧고 나머지 길은 대부분 햇볕에 노출되어 있어요. 햇볕을 받은 체리가 발갛게 익고 있네요. 체리 과수원에서는 금방 딴 체리를 지나는 순례자들에게 팔고 있기에 과일 좋아하는 저는 그냥 지나치기 서운해서 한 움큼 샀어요. 제가 사고 있으니 금세 사람들이 모여들어 나도, 나도. 따놓은 체리가 금방 사라지니 농부 아저씨는 기분 좋아 싱글, 저도 기분 좋아 벙글.

앱을 보며 걷다 보면 실선과 점선으로 된 두 갈래 길이 나오는데요, 거리를 비교해 봐서 점선 길이 짧으면 점선으로 가기도 하지만 대부분 실선 길로 가는 것이 좋아요. 오늘 목적지 산티바네즈 데 발데이글레시아 Santibanez de Valdeiglesia 마을에는 마트가 없어서 먹거리 준비가 필요하신 분들은 오른쪽 점선 길로 가야 물건을 살 수 있는 오피스탈 데 오르비고 Hospital de Orbigo 와 비야레스 데 오르비고 Villares de Orbigo 마을을 지나니 참고하시구요. 저는 실선 길로 총총.

도착한 숙소에서는 지나치다 싶을 만큼 환대를 해주는 호스트가 조금은 부담스러웠지만 깨끗하고 조용한 곳이라 금세 편안해졌어요.

함께 운영하는 바bar에서 허기를 채우려 했으나 역시 입에서 부터 거부해서 결국 굶었어요. 이제는 배고픈 것에도 익숙해지네요. 그래도 다음에 또 올래……? 네!

 16.8km 걸어서 499.5km까지 왔어요.

5월 18일
서른한 번째 날

**조용한** 곳에서 쉬어서인지 기분 좋게 출발했어요. 워낙 한적한 동네라 머무는 사람도 몇 안 되다 보니 걸을 때 만나는 사람도 없었어요. 혼자 걷다가, 쉬다가, 먹다가 그렇게 갔어요. 이 지역은 가축을 기르는 곳이라 배설물 냄새도 맡으며……

하루 종일 그치지 않는 비를 판초만으로 막으며 걷다 보니 길가에 아주 작은 성당? 기도처? 가 보여서 잠시 들어가 기도하고 나왔어요. 제 기도는 오로지 한 가지예요. 내가 살아가고 있고, 많은 사람이 살아내야 하는 내 나라의 안녕과 평화예요.

비를 맞으며 걸어서 도착한 알베르게에서는 기분 좋은 웃음으로 맞아주는 잘생긴 청년 덕분에 저도 기분이 좋아졌어요.

이날은 순례자들과 함께 저녁을 먹은 날이에요. 촌 할매가 점점 씩씩해지고 있어요.

24.5km 걸어서 524.7km 엘 간소 El Ganso 까지 왔어요.

5월 19일
서른두 번째 날

**비** 온 뒤의 이른 아침 시골 길은 너무 평화로워요. 이제는 한국 사람이 없는 곳에서도 잘 자고 다녀요. 평화로움에 취해 걷다 보니 오르막길이 시작되었지만, 주변 풍광이 너무 좋아 힘들다는 생각은 그리 들지 않았어요. 그동안 평지를 걸어서 오르막길이 그리웠나 봐요. 오르막이라는 것은 산이 있다는 것이고, 산에는 그늘이 많다는 것이고, 그늘이 많다는 것은 쉴 곳이 많다는 것이죠. 조금 힘든 것이 지루한 것보다는 나아요.

오늘 묵을 숙소는 아주 높은 곳에 있어요. 높은 곳에 있는 곳이라 풍광은 그만인데 춥네요. 바람도 심하고요. 소망을 내려놓는 철 십자가가 있는 곳에 오르기 전 숙소예요. 쓰러져가는 성당 한편을 수리해서 알베르게로 운영하는 곳이었어요. 저는 일찍 도착해서 침대에서 잘 수 있었지만, 몇 안 되는 침대가 꽉 차면 성당 바닥에 매트리스를 깔아 주는데요, 이슬만 안 맞을 뿐

밖이나 마찬가지예요. 그나마 여럿이 함께 자니 위로가 된다 할까요?

이곳에서도 샤워는 못 했어요. 난방이 안되는 알베르게라 무척 추웠는데 온수를 틀어도 미지근한 물만 나왔어요.

  이곳은 마트와 바bar를 함께 운영하는 곳도 있어요. 바에서 음식을 파는데 제가 먹을 것은 없네요. 마트에서 맛은 없었지만, 컵라면 사다 먹었고 치약이 떨어져서 그것도 보충했어요.

  산티아고 관련 온라인 카페 회원이신 젊은 남자분과 새로운 인연이 된 날이에요. 폰세바돈 Foncebadon 입니다.

 12.4km 걸어서 537.1km까지 왔어요.

5월 20일
서른세 번째 날

**이른** 시간에 출발했으나 안개가 모든 것들을 가려서 쪽빛 하늘은 보이지 않았어요. 소망을 내려놓는 철 십자가까지 왔는데 안개 때문에 철 십자가도 보이지 않았어요. 순례자들이 이런저런 소망을 갖고 와서 내려놓는 곳이에요.

용서의 언덕에서는 나를 용서하고, 철 십자가 아래에서는 누군가를 미워하는 마음을 내려놓는 것은 어떨까요?

조금 지나서는 트럭 카페가 있어서 아침을 해결할 수 있었어요. 평소대로 빵과 커피를 주문했는데 유난히 커피 향도 좋았고, 빵도 맛있었어요. 특별한 것은 없었지만 별다른 맛이었어요. 트럭 카페 옆에는 무너져가는 집이 있어서 물어보니 예전엔 알베르게였답니다. 다음에 또 온다면 오래오래 앉아 있고 싶은 곳이에요.

짙은 안개 속이라 볼 수 있는 것들이 없었는데 온 천지에 꽃이 피어있었다네요.
올라왔으니 내려가야겠죠? 내리막길은 다른 생각할 틈을 안 줘요. 가파르게 올라왔으니 가파르게 내려가야 하는 길이라 조심해야만 했어요. 안개가 걷히니 주변이 보이는데 저는 안개 속 풍경이 더 좋았어요. 곳곳에 있는 철탑이 주변 풍경을 해치고 있었어요. 분명 아름다운 곳인데, 아름답게만 느껴지지는 않았어요. 철탑을 본 것이 충격이었을까요? 지나오는 동안 카페가 여러 곳 있었지만 먹고 싶지 않아 그냥 지나쳤더니 쓰러질 뻔했어요. 그냥 길바닥에 푹 주저앉았더니 앞서가던 대만 여자분 둘이 깜짝 놀라서 오시네요. 이온 음료, 물, 대체식품 등등을 주셔서 또 민폐를 끼쳤네요. 그분들도 천사로 등록해야 맞겠죠? 한참 후에 길에서 만났는데 오래된 전우를 만난 듯 함성 지르며 반갑게 인사하게 되네요. 이것이 순례길의 정서였어요.
 산티아고 까미노는 천사들의 길이에요.


 폰페라다 Ponferrada 까지 왔어요.
 폰페라다에는 12세기에 건설된 폰페라다 성이 있는데요, 성이 워낙 커서 주변을 둘러보는 데도 한참 걸렸어요. 한때 스페인 석탄 산업의 중심지였다네요.
 지난 숙소에서 만난 두 남자분과 밥을 먹으러 성 주변에 갔으나 씨에스타 시간이라 밥은 먹지 못하고 마트에서 간단식을 사와서 해결했어요.

산 니콜라스 데 플루 San Nicolas de Flue 알베르게는 기부제로 운영되는 곳이고 순례자들에게 이곳도 맛집이에요.

 26.8km 걸어서 568.3km까지 왔어요.

5월 21일
서른네 번째 날

**무너져가는** 오래된 집들은 쓸쓸함이 느껴져요. 다니다 보면 오래된 동네에는 여지없이 쓰러져가고 있는 집들을 많이 보게 돼요.

이곳은 바게트 빵이 주식이라는데, 도심 사람들은 직접 빵집에 가서 빵을 사지만, 시골 사람들은 그렇지 못하니 배달받아 해결하는 모양이에요. 꼭 우리나라 현관 앞에 매달려 있는 우유 주머니처럼 대문 앞에 빵 주머니가 매달려 있는 집이 많았어요. 그런데 빵 주머니에도 가난이 보였어요. 어느 집은 빵 주머니가 좋은 천에 새것인데, 어느 집은 다 낡아 찢어진 주머니가 꽉 닫힌 문 앞에 매달려 있었는데요. 그 안에 꽂혀 있는 기다란 빵이 저를 슬프게 했어요. 제가 가난해서 그럴까요? 저는 어딜 가나 가난이 먼저 눈에 들어와서 한참을 머물렀어요. 그런 기억이 지금까지 오래오래 남아요.

　오늘은 '스페인 하숙'을 촬영했던 마을에 왔어요. 그 프로그램을 보면서 나도 저기에 가고 싶다 했는데, 혼자 걷는 나이 많은 여자분을 보며 나도 혼자서도 갈 수 있겠구나 생각했는데, 몇 년이 지나 이 자리에 와서 화면 속 그곳을 보고 있어요. 화면 속 여자분은 저와 같은 나이였어요.
　배우 유해진이 아침마다 뜀박질하던 다리도 건너봤어요. 광장 바bar에도 가봤구요. 손님이 없으면 안절부절못하며 오르락내리락하던 대문 앞길도 가봤구요. 게스트를 받던 초록 문은 촬영 때만 사용되던 곳이었나 봐요. 굳게 닫혀 있네요. 기대에 의한 실망이라기보다는 아쉬움이 남는 곳이었어요.

이곳에 가면 중국 사람이 운영하는 작은 마트가 있는데요, 신라면이 있구요, 소주도 있어요. 한국 사람들은 우선 거기부터 들러서 라면을 사게 돼요.

마을이 다른 마을과 다르게 예뻐요. 카페도 있고 음식점도 많고 한적하면서도 여유가 느껴지는 곳, 어슬렁거려도 괜찮을 곳, 골목으로 조금만 들어가면 망가져 가는 집들이 보이는 곳.
'나만 잘났다.'가 아니라 '나도 있다.' 하는 듯한 마을이었어요. 또 온다면 머물고 싶은 곳에 추가합니다. 이곳은 한국 사람이 참 많아요.

오늘은 살짝 욕심이 나네요. 산티아고 호텔에 예약한 날짜를 보니 피스테라, 묵시아까지도 걸어갈 수 있을것 같아요.

 23.6 km 걸었고 587.4km까지 왔어요.

5월 22일
서른다섯 번째 날

**인연이** 되어 숙소 해결을 해주던 남자분과 헤어져 다시 혼자 해결해야 하지만 전처럼 갈팡질팡하지 않아요. 제가 많이 씩씩해졌거든요.

숲속 길은 더위가 덜해서 좋아요. 내내 물소리를 들으며 걸었어요. 보행기를 의지해서 걷는 할머니를 누군가 도와주려 했는데 '잠시만요 제가 해보구요.' 하시는 듯했어요.

오르막 내리막길을 걸으며 오락가락하는 빗소리를 들었어요.

여러 나라에서 온 사람들과 한자리에서 눈인사하며 먹는 빵과 커피는 또 다른 맛이었어요. 카페는 손님이 너무 많아 한참을 기다려야 했지만, 그것도 재미있어요. 오르막길이라 좀 어렵기는 하지만 땡볕에 그늘도 없는 길을 걷는 것보다는 훨씬 좋아요. 땡볕을 걸을 때는 손바닥만 한 그늘도 고마운데, 물소리 들으며 숲길을 걷는데 어려울 게 뭐 있어요.

숙소를 예약하지 않아 살짝 걱정하기는 했지만 역시나 괜한 걱정이었어요. 길에서 한국 아저씨를 만났고 그분 덕분에 숙소 해결. 숙소는 아주아주 마음에 들었구요.

레온에서 휴대폰 사건을 해결해 준 분들을 이곳에서 또 만났어요. 걷다보면 만나고, 헤어지고 또 만나게 되고……

오락가락하던 비가 본격적으로 내려서 몇 개 안 되는 빨래는 결국 탈수. 건조기를 처음으로 이용했는데요, 꽤 비싸요. 숙박비 보다도 더……

📍16.9km 걸어서 604.2 km.
베가 데 발까세Vega de Valcrce 까지 왔어요.

5월 23일
서른여섯 번째 날


**오늘은** 깔딱 고개를 넘어야 해요. 힘든 만큼 풍광은 발걸음을 멈추고 보라 하네요. 어느 외국 남자분은 심장에 이상이 있으신 듯한 걸음으로 조심조심 천천히 걸었고, 아내는 배낭 메고 뒤따르네요. 제 걸음은 남편분보다 더 느려요. 젊은 한국 여자분이 그런 길을 뛰어서 가네요. 남편은 헉헉거리며 뒤따라가고, 여자분은 내내 뛰어서 다녔는데요. 날다람쥐 같았어요. 촌 할매는 힘들어서 주저앉고 싶은데. 약올라라.

힘든 길이었지만 좋은 풍광으로 보상해 줬어요.

목적지에 도착하기 전, 길에서 개선장군을 반기듯 무슨 악기를 연주하고 있었는데요, 그 앞에는 모자가 놓여 있고, 모자안에는 동전이 있었어요.

동화 속 나라에 들어가는 기분이었어요. 높은 지역에 있는 마을인 데다 숙소 앞에 아무것도 없이 그냥 하늘이에요. 너무 추워서 풍경 보는 것은 생략해야했는데요, 아무래도 병이 나려고 그랬는가봐요. 한국 사람이 많기는 많네요. 한방에 16명이 자는데 8명이 한국 사람이었어요. 밤이 되니 기침이 시작되네요. 별일 없이 지나가면 좋겠는데.

여기는 오 세브리로 O Cebreiro예요. 걸은 거리는 짧지만 제일 힘들었어요. 지도를 보니 해발 1,350M 높이였어요. 그러니까 힘들지. 산티아고 길은 평지도 해발 600m에 위치랍니다.

📍11.5km 걸었고 615.7km까지 왔어요.

5월 24일
서른일곱 번째 날

**밤새** 기침을 했어요. 새벽에 걷는 산길은 또 다른 느낌이 들어요. 내리막길은 시원한 청량음료를 마시는 기분이랄까? 올라올 때는 힘들어서 보이지 않던 풍광들이 보였어요.

 힘든 길은 아니지만, 밤새 기침을 한데다가 여전히 먹는 것이 부실하다 보니 갈지자로 걸었나 봐요. 뒤에 오시는 분이 제 걸음이 위험해 보였는지 저를 불러 세웠는데, 숙소 예약하는 것을 알려준 고맙고 귀한 분들이었어요.

 그분들 덕분에 시락국을 먹었어요. 한국 시레기 국을 흉내만 낸 것이고 맛은 전혀 아니지만, 한국 순례자들은 꼭 먹는 음식이에요. 한국 사람들이 워낙 많이 오니 시락국을 파는 카페도 있고, 마트에서는 통조림으로 된 것을 팔기도 해요. 맛은 그냥 고깃국 맛이라서 곁들이는 반찬으로 단무지 한 쪽이라도 있었으면…… 흉내만 낸 시락국이라도 한 그릇 다 비우고 나니 힘이 나서 씩씩하게 걸었어요.

트라야카스텔라 Triacastela 까지 왔는데요, 밤이 되니 본격적으로 기침이 나오기 시작해서 잠자는 것을 포기해야 했어요.

 21km 걸어서 636.8km 까지 왔어요.

5월 25일
서른여덟 번째 날

**기침** 때문에 이젠 잠을 자기도 힘들어요. 목이 아파 물 외에는 아무것도 먹을 수가 없어요. 목소리도 안 나와요.

 25.4km 걸어서 662.2km 사리야 Sarria 까지 왔어요.

5월 26일
서른아홉 번째 날

**사리아부터는** 순례자들이 두 부류로 나뉘어요. 깨끗한 신발을 신은 사람과 흙먼지가 뒤덮인 신발을 신고 다니는 사람으로. 깨끗한 신발을 신은 사람들은 힘들다고 하며 걷지만, 흙먼지 뒤덮인 신발을 신고 걷는 사람들은 아무 말 없이 묵묵히 걸어요.

📍 12.8km 걸어서 674.2km 모르가데 Morgade 까지 왔어요.

5월 27일
마흔 번째 날

**기침** 때문에 한숨도 못 잤어요. 내가 힘든 것보다 순례자들에게 피해 주는 것이 너무 미안했어요. 물 종류 외에는 먹지 못하고 잠도 못 자서 머리는 휑휑 거렸지만 걸어야 해요. 제가 머문 모르가데에는 병원이나 약국도 없고, 마트도 없으니 다음 지역으로 가야 해요.

처음으로 배낭을 부치려고 하니 동전이 부족했어요. 마침 떠날 준비하는 외국인 부부가 있어서 그분들에게 10유로 지폐를 드리며 1유로짜리로 바꿔줄 수 있냐고 하니 동전이 부족하다네요. 대부분은 다음 구간으로 바로 가기 때문에 이곳에는 순례자들이 많지도 않고, 이른 시간이라서 다른 사람은 없었어요. 남자분이 안쓰러운 마음이 들었는지 다가오며 얼마가 부족하냐고 해서 2유로가 부족하다 했더니 주시는 거예요. 고마움에 포옹했어요. 한국 사람이 없으니까 외국인 천사를 보내 주셨네요.

참 많은 사람과 포옹을 하게 되는데요, 포옹은 너무너무 고마운데 표현할 방법이 없을 때 나오는 몸짓이에요. 이분들도 천사로 등록.

포르토마린 Portomarin 에 도착하자마자 약국부터 들렀어요.

다른 사람들은 반바지에 반소매를 입고 다니는데 저는 긴바지, 긴 팔 셔츠에다 바람막이까지 입었지만, 덜덜덜 떨리고 기침도 났어요. 그런데 외국인 천사의 도움으로 부친 배낭이 오질 않아요. 거기에 패딩이 있는데…… 이웃 펜션 주인아저씨의 도움으로 배낭을 6시간만에 찾을 수 있었지만, 사연이 너무 길어서 생략할래요.

10.5km 걸어서 684.6km까지 왔어요.

## 5월 28일
## 마흔한 번째 날

**떠나지** 못했어요. 병원은 못 갔지만 약은 사서 먹었어요. 한국 순례자분들이 주는 약도 먹었지만, 기침 때문에 잠을 못 자는 것과 음식을 먹지 못하는 것은 여전했어요.

저녁에 순례자 미사가 있어서 성당에 갔다가 레온에서 만났던 부부를 만났어요. 제 사정을 듣고는 그분들도 그날 24km를 걸어서 피곤할 텐데도 쌀과 반찬 될만한 것을 사서 죽을 끓여 주시네요. 한 분은 먹어야 산다며 사정하듯이, 한 분은 혼내듯이 지켜 앉아 한 그릇을 다 비우게 하셨어요. 그 후에 아주 조금씩이지만 먹을 수 있게 되었으니 그분들이 끓여준 죽이 저를 살게 했네요.

그분들은 제 몸 상태를 보고 택시 타고 건너뛰라 하셨어요. 저는 국내 도보 여행 다닌 것을 얘기하며 멈출 수는 있지만 건너뛰고 싶지는 않다고 했어요. 제 얘기를 듣고는 자신들도 그럴 거라며 더 이상 권하지는 않았어요.

 전날 잔 곳은 공립 알베르게인데 연박이 안 되는 곳이라 배낭을 찾아준 아저씨가 근처에 있는 펜션을 예약해 주셨는데요, 1인실이라 마음껏 기침할 수 있어서 너무 좋았어요.

 바보같이 오늘에서야 제 욕심이 지나쳤다는 것을 알게 되었네요. 몸을 아프게 하며 신호를 보냈지만, 하늘이 너무 예뻐서 알아채지 못했는가 봐요. 콤포스텔라 대성당 앞까지는 꼭 가고 싶지만, 그마저 장담할 수 없는 상황이라서 일단 피스테라와 묵시아까지 걷겠다는 욕심을 거두고, 귀국 날짜부터 앞당기기로 하고 쓰러질 때까지는 가보자는 마음을 먹었어요.
 걷다가 쓰러지면 거기까지다. 거기서 멈추자.
 그럼 포기한 것은 아니잖아요.
 포기는 하고 싶지 않았어요.

5월 29일
마흔두 번째 날


　　　　　　　　　　　　더 쉬고 싶었으나 잘 곳이 없어서 조금이라도 걸어야 했어요. 죽을 끓여 주신 분들을 먼저 가시라 하고 저는 죽은 듯이 천천히 걸으며 그분들을 레온에서 만나게 된 것을 생각하게 되었어요. 레온에서 미리 만나지 않았더라면 이곳에서는 그냥 지나치는 사람이었을 거예요. 그럼 그분들의 도움도 못 받았을 거구요. 그랬다면 저는 길에서 어쩌면…… 생각만 해도 아찔하네요.

　그분들은 나를 도와 살게 하라고 하늘이 제게 보내주신 천사였어요. 그분들은 의도치 않았겠으나 저에게는 생명의 은인이 되셨어요. 몸은 아프고 먹지 못해 힘들었으나 그분들 덕분에 마음은 한없이 평화롭고 행복했어요.
　벤타스 데 나론 Ventas de Naron 입니다.

 13.2km 걸어서 697.8km 까지 왔어요..

5월 30일
마흔세 번째 날

**또** 못 떠났어요. 2층 창문으로 부산히 떠나는 사람들을 멍하니 바라보고 있어요. 카페까지 겸한 알베르게 주인은 기침에 좋다고 따뜻한 우유에다 꿀을 진하게 타다 주네요. 주방 아저씨는 메뉴에도 없는 음식을 만들어 주셨구요. 먹지는 못했지만요. 혼자 우두커니 앉아 있는 제게 일하는 아주머니는 의사 불러줄까? 하며 따뜻한 눈빛을 보내오네요.

그날 밤은 제가 있는 방에 아무도 들이지 않아서 혼자 마음 편히 기침할 수 있었어요. 전날은 밤새 나오는 기침에 순례자분들께 너무 미안해서 화장실에 가서 기침하거나 밖으로 나가서 기침하곤 했거든요. 그래도 너무너무 미안했어요. 코 고는 소리 나는 것이 정상인데 코 고는 소리가 뚝 끊긴다는 것은 잠이 깼다는 것, 모두 덩치 큰 아저씨들뿐이라 탱크 지나가는 소리가 나도 모자랄 판인데……

그분들 모두가 제게는 천사였어요.

5월 31일
마흔네 번째 날



**조금이라도** 걷기로 했어요. 배낭은 동키를 이용해 부치고 가벼운 차림으로 새벽길을 나섰어요. 오늘은 조금 늦은 시간에 출발해서 쪽빛 하늘은 보지 못했지만, 새벽길은 언제나 설렘을 선물로 줘요.

사리아를 지나면서부터 길은 대부분 숲길이고 큰 언덕은 없어요. 사리아는 산티아고 콤포스텔라 110km 전 지점인데요, 이곳부터 출발해도 완주증을 받을 수 있어서 사리아부터 출발하는 사람들도 많아요.

그동안 긴 길을 걸어온 순례자들에게는 아주 쉬운 길인데 사리아부터 출발한 사람들에게는 힘든 길인가 봐요. 죽을 듯이 힘들어하며 걷는 사람들을 보면 재밌기까지 해요.

오늘도 오픈 두 시간 전에 도착한 알베르게 앞 길바닥에 퍼질러 앉아 기다렸어요. 그곳은 112명이 들어갈 수 있는 새로 지은 아주 큰 공립 알베르게인데 사람이 지나가기만 하고 들어오질 않아서 4명이 잤어요. 밤에 기침을 하니 미안하다 미리 사과했지만 그래도 미안하기만 했어요. 베드버그에 물린 줄도 몰랐는데 몹시 가려워서 보니 얼굴만 빼고 온몸이 붉은 꽃길이 되어있었었지만 가려움에 쓸 기운이 없어서 무시했더니 일주일쯤 불편하게 하고는 사라졌어요.

　팔라스 데 레이 Palas de Rei 입니다.

11.5km 걸었고 709.4km 까지 왔어요.

## 6월 1일
## 마흔다섯 번째 날

**먹지도** 못하고 잠도 못 잤지만, 열도 없고 통증도 없어서 조금씩이라도 걸을 수 있었어요. 제가 머문 곳에 왜 순례자들이 오지 않았는지는 조금 걷다 보니 알게 되었네요. 2km 정도 걸으니 온갖 편의 시설과 알베르게, 펜션, 호스텔 등이 많았어요. 제가 머문 곳은 딱 잠만 잘 수 있는 곳이었거든요. 조용해서 좋기는 했지만, 순례자들은 뭐라도 먹는 것이 가장 중요한데 그 해결이 안 되는 곳이었어요.

산티아고 110km 전 지점인 사리아부터는 산티아고 가는 순례길이 아닌 제주도 올레길을 걷는 듯하네요. 올레길 만든 사람이 산티아고 다녀와서 추진한 거라 들었는데 그렇겠구나! 했어요. 낯설게 느껴지지 않은 숲길이라 그런대로 걸을만 했어요. 지나왔던 길들처럼 햇볕이 난무하는 길을 걸어야 했다면 아마 쓰러지거나, 포기하거나 둘 중 하나였을 거예요. 걷기 좋은 길일 때 아파서 다행이라 생각해야 할까요?

멜리데 Melide 에 있는 리뷰가 좋은 알베르게에 들어갔는데 실망시키지 않았어요. 호스트 부부의 친절이 꾸밈없이 본마음처럼 느껴져서 편안했어요. 부부가 모델처럼 예쁘고 잘생기기도 했구요.

6월 18일 마드리드에서 인천으로 가는 비행기가 예약되어 있지만, 일주일 앞당겨서 6월 11일에 떠나기로 했어요. 수수료가 좀 많이 나갔어요. 몸이 아파서 자리를 좋은 곳으로 해서 그랬나 봐요.

14.9km 걸어서 724.3km까지 왔어요.

6월 2일
마흔여섯 번째 날

**기력을** 회복하고 싶어서 쉬기로 했어요. 편의 시설이 잘 되어 있는 꽤 큰 도시예요. 병원에 가려 했지만, 주일이라 문을 닫았고 다행히 약국 문을 연 곳이 있어서 약을 살 수는 있었어요. 우리나라 아파트에도 장이 서듯이 이곳에서도 장이 서네요. 장에 나온 물건들은 저 같은 순례자들에게 맞는 저렴한 가격이었어요. 그동안은 필요한 것이 있어도 물건값이 너무 비싸서 구경만 하고 다녔거든요. 우리나라 햇반 같은 것과 고추 피클을 사가지고 와서 아주 아주 배부르게 먹고 동네 산책도 다녔어요. 그동안은 음식이 입에서부터 거부해서 못 먹었었는데, 배고픈 것이 느껴지는 것을 보니 회복되려는가 봐요. 역시 밥이 좋아요. 모처럼 체력 보충을 했네요.

  길에서 남자 호스트분을 만났지만, 저는 얼른 알아보질 못했는데 어슬렁거리는 저를 알아보고 웃으며 먼저 인사 하네요. 그 많던 한국 사람이 한 명도 보이지 않는 길에서, 누군가 나를 알아보고 인사를 하니 넘 반갑고 고맙기까지 했어요.

  주일미사 참석도 했어요.

6월 3일
마흔일곱 번째 날


　　　　　　　　　　　**기침** 때문에 며칠째 한숨도 못 자고 있어요. 밤이 되니 여지없이 나오는 기침으로 한방에 있는 사람들에게 미안해서 화장실에 가 기침을 하면서 거울에 비치는 제 모습을 보는데요, 까맣게 타고 핼쑥한 얼굴을 한 전사가 있었어요.
　용기는 누구나 낼 수 있으니 용사가 되는 것은 그리 어렵지 않지만, 전사는 죽음을 넘나들며 살아남아야 되는 것인데……
모습이 어떠했든 전사가 되어있는 저를 그날 보게 되었어요.
잘했다 잘했어. 장해……아주 장해.
　생장에서 출발한 사람 중 1/3만 완주한다고 해요. 그 중에서 한 구간도 건너뛰지 않고 전 구간을 걷는 사람은 또 1/3으로 추려지구요.

　입맛이 느껴져서 밥을 먹었더니 걷기가 훨씬 수월했어요. 그래도 현지 음식은 먹지 못해요. 제가 먹을 수 있는 것은 여전히 크로와상, 커피, 바나나, 오렌지 쥬스, 물이 전부예요.

숲길은 피로감이 덜해서 좋아요. 오르막 내리막 숲길은 전혀 낯설지 않았고, 제주도 올레길을 걷고 있는 듯 해서 기분이 참 좋았어요.

📍14.1km 걸어서 738.5km 알주아 Arzua 까지 왔어요.

6월 4일
마흔여덟 번째 날

**마을을** 지나려면 꼭 보게 되는 것이 있어요. 세상 떠난 이들의 집, 무덤을 보게 될 거예요. 우리나라 무덤처럼 동그랗게 흙으로 되어있는 것이 아니라, 납골당과 비슷해요. 그러나 한적하고 밀폐된 곳에 있는 우리나라 납골당과 달리 마을 끝부분에 자리하고 있고, 오픈되어 있어서 삶과 죽음이 자유롭게 넘나들며 함께 하고 있었어요. 참 부러운 부분이었어요. 삶과 죽음은 나뉘는 것이 아니라 연장선에 있는데……

산티아고가 가까워지면서 숲길이 드문드문 끊기고 도심길을 걷게 되네요. 동키를 이용해서 배낭은 부치고 가벼운 차림으로 걸었어요. 처음으로 문어 요리를 먹어 봤는데요, 그냥은 못 먹고 콜라와 먹으니 간신히 먹을 수 있었어요.

카페 회원이신 두 여성분과 새로운 인연이 시작된 길이에요.

 19.1km 걸어서 757km 오 페드루조 O Pedrouzo 까지 왔어요.

## 6월 5일
## 마흔아홉 번째 날

**두** 여성분과 새로운 인연이 시작된 길이에요. 혼자 마음껏 기침할 수 있는 펜션에서 자고 이른 시간 출발했어요. 산티아고까지 한 번에 갈 수도 있는 거리지만 꾀죄죄한 모습으로 산티아고 콤포스텔라 대성당을 만나는 것이 싫어서 4.8km 전에 멈추기로 했어요.

산티아고가 가까워지니까 순례자들보다 무리지어 다니는 여행자들이 많아지네요. 멈춘 곳은 몬테 도 고조 Monte do Gozo. 숙소는 어마어마하게 큰 단지이고 시설은 지금까지 모두 통틀어 가장 깨끗하고 조용해서 좋았는데 사람들이 보이지 않았어요. 카페가 있어서 음식을 사 먹을 수는 있지만, 저 같은 순례자가 먹을 수 있는 음식은 없어서 돈은 사라졌고 먹는 것은 시늉으로 끝낸 곳이었어요.

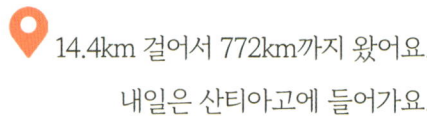14.4km 걸어서 772km까지 왔어요.
내일은 산티아고에 들어가요.

6월 6일
쉰 번째 날

**8시 30분** 산티아고 콤포스텔라 대성당 앞에 왔어요. 이른 시간이라 그런지 광장은 텅 비어 있었어요. 눈물이라도 나올까? 했는데 텅 빈 광장처럼 제 가슴도 텅 빈듯했어요.

생명의 은인이신 두 분께 산티아고에 왔다고 자랑하고 싶어서 문자를 드렸더니 공항에 가려고 택시 기다리는 중이라며 아내 분이 광장으로 금새 와주셔서 격한 포옹으로 인사했어요.

마중 나와준 새로운 인연 덕분에 완주증을 쉽게 받을 수 있었어요. 두 분과는 대성당 미사를 함께 참석했구요 미사 후에는 30분 거리에 있는 한국인이 운영하는 식당에 가서 드디어 고추장과 만났어요. 감격 또 감격. 숟가락으로 퍼먹는데 눈물이 다 나네요. 드디어 비빔밥을 먹어요. 그것도 고추장에 비벼서……

산티아고에서 지낸 첫날이랍니다.

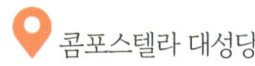 콤포스텔라 대성당

## 6월 7일
쉰한 번째 날

**걸어서** 가고 싶었던 피스테라와 무시아는 버스 타고 다녀왔어요. 버스가 바닷가에 정차했을 때 사진 찍느라 요란한 무리와 다르게 그냥 바다를 보며 한참을 생각했어요.
 왜? 산티아고라는 곳을 꼭 오려 했을까?
 완주한 지금 어떤 생각이 들어야 하는 걸까?
 또 오고 싶을까?

 0점 지역인 피스테라에서 요란히 파도치는 물결을 보며 무슨 생각을 해야 할지…… 뭔가 생각을 하거나 감격하거나 해야 할 텐데…… 0점 지역에 오니 머릿속도 0점이 되었나 봐요.

 보통 사람들은 35~40일, 젊은 사람들은 30일에도 충분히 가능한 길인데 저는 50일 만에 도착했어요. 그래도 한 구간도 건너뛰지 않았고 병이 났을 때 4번 외에는 배낭이 제 어깨에서 떠나지 않았어요. 초반 일행이 있었을 때는 제외 하구요.

어느 작가는 도보 여행을 몸으로 책을 읽는 것과 같다 했어요. 제가 읽기에는 너무나 벅차고 어려운 책을 몸으로 다 읽었어요. 산티아고 길을 걸었던 걸음걸음이 제 삶에 어떤 영향을 줄지 아직은 모르겠지만 지금은 비워두려 해요.

산티아고에서 지낸 둘째 날이에요.

6월 8일
쉰두 번째 날

**셋째 날.** 너무 고생한 몸에게 쉬게 해주었어요. 체력회복이 되지 않으면 12시간 뱅기 타고 가는 것이 너무 힘들 듯해서요.

산티아고 대성당 주변을 어슬렁거리다가 배고프면 카페에 들어가 아침에는 커피와 크로와상을 먹고 점심에는 문어 요리를 먹고는 또 돌아다니고, 그러다 피곤하면 호텔에 들어와 쉬고…… 이름은 호텔이지만 4명이 한방에서 자야하는 그냥 숙소예요. 우리나라 호텔은 생각하지 않으시는 것이 좋아요. 점심 때가 될 즈음부터 광장에 사람들이 모이기 시작하고, 저녁이 될 무렵부터는 광장이 사람들로 꽉 차요. 저녁은 밤에서 새벽으로 넘어가는 2시까지 이어지다 새벽 2시가 지나면 주변이 조용해져요. 내일은 마드리드로 가는 날이에요.

6월 9일
쉰세 번째 날

　　　　　　　　　　**대부분의** 순례자는 버스보다는 기차를 타거나 비행기를 타고 마드리드로 가는데, 몸 상태가 좋지 않은 저는 기차나, 비행기를 예약할 수가 없어 마드리드까지 버스 타고 가야 했어요.
　산티아고에서 마드리드까지는 12시간 이상 걸려요. 저는 사용하지 않았지만, 버스 안에는 화장실이 있어서 급할 때는 이용할 수 있지만, 먹거리 조달은 어려웠어요. 정류장에서 버스가 정차할 때마다 기사님이 안내를 해주지만 한마디도 알아듣지 못하는 저는 무용지물……

　결국 내려야 할 곳을 지나쳤어요. 9시가 다 되어 밤이 되고 있는데요, 어딘지도 모르는 마드리드에서 미아가 될 수도 있다는 생각이 들었어요. 순간 50일 동안 걸으며 있었던 온갖 어려움들이 아무것도 아닌 것이 되었어요. 걸었던 것조차도 잊을 만큼요.

　터미널이라 사람들이 바쁘게 지나가기만 했고 번역기로 물어봐야 하는 저는 어려워서 갈팡질팡하고 있었는데, 터미널 한편에 체격이 아주 큰 로만 칼라를 한 흑인 신부님이 꼭 저를 기다리고 있는 듯 계셨어요. 그분의 도움으로 한참을 지나쳐 온 길을 되돌아가서 호텔에 들어갈 수 있었는데요, 산티아고에서 마지막으로 만난 천사분이세요. 그 신부님은 지금도 큰 덩치만큼이나 묵직이 제 기억 속에 남아 있어요.

6월 10일
쉰네 번째 날

**아침에** 일어나 밖에 나가보니 비가 많이 오고 있었어요. 카페에 들러 커피와 크로와상으로 아침을 먹고 지도가 알려주는 대로, 주변에 있는 마트에 들러 과일, 물, 과자 등을 사 들고 와서는 침대에서 뒹굴며 쉬다가, 호텔 주변은 일부러 관광을 올만큼 볼거리가 많은 곳이라 나가 보려하니 폰이 먹통……

호텔은 키나 카드로 출입하는 것이 아니라 예약할 때 기록된 정보에 따라서 들어올 수 있는 곳이어서 폰 사용이 필수인데, 먹통이 된 폰으로는 들어 올 수가 없어서 나가지를 못했어요. 마드리드까지 와서 말 그대로 방콕, 콕, 콕.

마드리드에서의 둘째 날을 그렇게……

6월 11일
쉰다섯 번째 날

**모든** 일정을 마치고 인천가는 뱅기 탔어요.

# 3. 덧붙이는 글

감사의
마음을 담아
덧붙이는 글

**제가** 산티아고 길을 기진맥진 걸으면서 가장 힘이 되었던 것은 산티아고 관련 온라인카페 회원님들의 댓글이었어요. 너무너무 고마워서 댓글을 책의 한 부분으로 옮겨 오려고 하였는데, 내용이 너무 많아 모두 넣을 수는 없었어요.

일부만 넣자니 누구 글은 넣고, 누구 글은 안 넣고 하기는 미안해서 그렇게는 못 하겠더라구요. 그래서 제게 댓글을 달아주셨던 분들의 닉네임만이라도 모두 넣기로 했어요.

혹시 제 책을 읽게 된다면 자신도 모르게 천사가 되었던 순간을 찾아보시는 것은 어떨지요.

  닉네임을 잘못 썼더라도 무식한 촌 할매라 그러니까 용서해 주시구요.

-

여행설렘, 하늘산, 권오상, 한상규, 경희, Mainrado, vivian lee, 제니, 파리의 하늘, 빛나리, 기현은니, 강성수, 딜레마, Diego, 써니, 김순식로사, 채채러브, 파렐, 문향, 박지영, 소금조금, 알렉스님, 곤젤라, Kelly, 세정, 오리하우스, 치킨교주Kyle, 곤젤라곤길동곤...., Valerie Didi, 김도도, 김한기, 히쁘로그, 지수아빠, 딜레마, MJ KIM, 매화, 오백억코코, 올리브그린, 희야NZ, 네오빌, 돌사랑, 빛나리, 하얀나비, 아트리아, 마마, 못난이, 아다지오안단테, 라이안,전카타, jh하루, 광주사랑, 황소걸음, 라일락, 심심

-

노바성진, cpw2015, 멍멍냐옹링, 미샬, 마이너으스손, John Baptist, 싸부O, 댕920, 여우야518, 제주화야, 또 떠나는 엄마, Pia Daisy, Juliana Amerimnos, 꿈, 마콘도, 활성, 반짝s, 딸기코, 페일핑크, 흔한한량, 유유77, 감나래, 마주앙, 나도 갈수 있을까, 도전해보고싶은사람, 비바람거세도, frau61, 빨간 우체통2, 제라, 친절한 순례자, 진주곰, Gil, 여우야518, 피어오르미, 난꽃, 깜씨방, 여행코스, 고고산티아, agnes75, 헵시바, 오늘이 선

물, 여행7, 밀크보이, 마르땡, 폴라, achso, 프리세, 네이크로바, 김도경, 푸딩햄백설이, 맛있는 녀석들, 산티 Kim, 그레이스마리, 김바울라, 난꽃, 오사빈, 피아노, 장필립, 서녕쑤, 코코볼님, 데레사 7월, 나도할수 있다, 히노끼야, 헹크포레스트, cakss, 안양라라, 가족까미노, 229jinju, 올라2, sopung, petra, 산하, 엘까미노, 세뇨라, 나는 자연인, 대꽃, 부엔까미노 2023, 윤 나나, 청심 2001, 오사빈, 듀랑고, soek, 사임당, 강마루, sing, 곽세실리아, 달빛어린, 오름오름, 그럼에도,cpw2015, 조이3, 하얀사과, 희망부자마미, 붐붐코리아, 짠짜라짠짠, 앗싸라비아, 언제나가고파, 여우별, 얌전히, 풀꽃성숙, 토마토33, priqin2, 소화기냥, dbwjdals9512, mellow, 소립자, 파란나라2, petra, 웃으며살자, 내가 원하는 삶, 밀짚모자, 비온70, 축복의산책로, 그레좋아, 지누짜응, babuu, ollra, 엘까미노 Gabriel, 걷네보, yulianna35, 암화, iamyoo, hunk, 공항, 내안의그리움, BEN, emeraldhono, 오늘이 선물, 한민족, Becky2, 비나, 괜찮아치치, 벨라스텔라, Jinzer, darcoq12, cami****, 최쌤, 흰바위, 스토리00, 마틸다, 비안나, 초이아쟈, 담요, 엘스80, 파란공책, 해피한써니, 난나샘, 지오이, 신사람, 까미노홀릭2024, 산티아고알고가고, 7공주, 김복, chunsakjo, ho3691, 마카리오, 유니더미니, 은8, Gaja, Miho, 말랑2022, 콕이, 보구, 저울산, childboy45, achso, 나나랑, 라벤더27, 올챙이사마, 폴라, 티모니, Hz Hz, 새벽별by, hoso,

퍼프홀릭, 동네한바퀴, 지구순례, 토타라날다람쥐, patra, 헤레나229, 바이올렛is, 나그네를 꿈꾸며, 풀꽃성숙, 베르나르도, 인생가는대로, 라비타, 발근하늘, 나유, 청송, Sontiago, frau61, SSB, 니가하고싶은것을해봐, 미소천사, 바삭한바람, 달마장, 미피피피.

진짜루 많이 감사해요, 모두 모두 잘 지내세요.

*Jungsook Kang*

Capitulum huius Almae Apostolicae et Metropolitanae Ecclesiae Compostellanae, sigilli Altaris Beati Iacobi Apostoli custos, ut omnibus Fidelibus et Peregrinis ex toto terrarum Orbe, devotionis affectu vel voti causa, ad limina SANCTI IACOBI, Apostoli Nostri, Hispaniarum Patroni et Tutelaris convenientibus, authenticas visitationis litteras expediat, omnibus et singulis praesentes inspecturis, notum facit: Dominam *Jungsook Kang* hoc sacratissimum templum, perfecto Itinere sive pedibus sive equitando post postrema centum milia metrorum, birota vero post ducenta, pietatis causa, devote visitasse. In quorum fidem praesentes litteras, sigillo eiusdem Sanctae Ecclesiae munitas, ei confert.

Compostellae die 6 mensis Junii  Anno Dni 2024

José Fernández Lago
Decanus S.A.M.E. Cathedralis Compostellanae

Omnes dies
ad Domi[ni]
minime claudunt[ur]
atra (cf. Ap 21,25),
fulget". (Códice Calixti[no])

El Cabildo de la Santa Apostólica M[etropolitana]
en la región occidental de las Españas, a to[dos]
hace saber que:

*Jung[...]*

ha visitado la Basílica donde desde tiempo[s]
Santiago.
Con tal ocasión, el Cabildo llevado d[e]
saludo del Señor y piden -por intercesi[ón]
espirituales de la peregrinación, así como l[a]

Dada en Compostela, Meta del Camino de San[tiago]

Después de realizar **779 Kms.** Desde
donde comenzó el **18** de **abril** del

Breviario de Miranda, siglo XV

s quasi sub una sollempnitate continuato gaudio
stoli decus ibi excoluntur. Valve eiusdem basilice
tuque, et nullatenus nox in ea fas est haberi
delarum et cereorum splendida luce ut meridies

Códice Calixtino

litana Catedral de Santiago de Compostela sita
que vieren esta carta de certificación de visita,

ang

oral los cristianos veneran el cuerpo del Beato Apóstol
- de caridad, al tiempo que con gozo, le dan al peregrino el
Apóstol- que el Padre se digne concederle las riquezas
materiales. Bendígalo Santiago y sea bendito.

día  6  del mes  junio           del año  2024

an  P. Port
por la ruta del  Camino Francés

[signature]

José Fernández Lago
canus S.A.M.E. Cathedralis Compostellanae

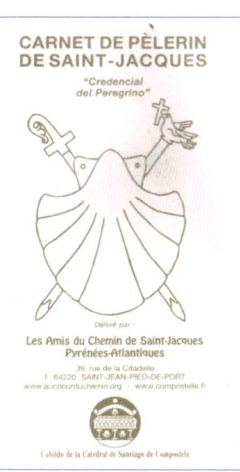

# CARNET DE PÈLERIN DE SAINT-JACQUES
"Credencial del Peregrino"

Délivré par :
Les Amis du Chemin de Saint-Jacques
Pyrénées-Atlantiques
39, rue de la Citadelle
F- 64220, SAINT-JEAN-PIED-DE-PORT
www.aucoeurduchemin.org · www.compostelle.fr

# CHEMIN DE SAINT-JACQUES

M 강정숙
Adresse 경북 북구

Nationalité Corée du Sud
N° Carte d'identité / Passeport M24954590
Entreprend la pérégrination vers Compostelle
le 18-04-2024

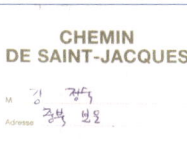

"Je me lance depuis Saint-Jacques, vieille Europe, un cri d'amour, retrouve-toi toi-même, découvre tes origines, ravive tes racines, revis donc ces valeurs authentiques qui rendent ton histoire glorieuse et ta présence dans les autres continents bénéfiques. Reconstruis ton unité spirituelle dans un climat de respect total des autres religions et des vraies libertés."

Le Pape JEAN-PAUL II

Le Président de l'Association a l'honneur de recommander à toutes les Autorités regardantes civiles, ainsi qu'aux Autorités militaires et de la Gendarmerie, ce Pèlerin qui entreprend vers Compostelle la traditionnelle pérégrination, à la manière des anciens pèlerins, et leur demande de bien vouloir lui prêter aide et assistance en cas de besoin.

Jungsook Kang

*Jungsook Kang*

# 나의 한 걸음, 한 걸음

이름 | 강정숙

기간 | 2015년~2024년

① 제주일주도로 | 220km x 2 = 440km

② 자전거길 | 인천 아라뱃길 - 부산 낙동강 하굿둑 약650km

③ 국토종주길 | 해남 땅끝마을 - 강원도 고성 통일 전망대 약820km

④ 동해안길 | 부산 해운대 - 강원도 간성, 거진 약500km

⑤ 남해안길 | 부산 해운대 - 해남 땅끝마을 약400km

⑥ 서해안길 | 해남 땅끝마을 - 김포 약400km

⑦ DMZ평화의 길 | 김포 - 강원도 간성, 거진 약400km

⑧ 무궁화호 기찻길 걷기 | 경부선, 호남선, 전라선, 장항선, 중앙선, 태백선, 영동선, 경전선,

동해선, 충북선, 경북선 약2,000~2,500km

⑨ 산티아고 순례길 | 파리 생장 - 산티아고 콤포스텔라 대성당 800km

홀로 하는 도보여행 11년 차.
한 걸음이 6,500km가 훨씬 넘었어요.
여전히 진행형인 도보 여행길,
언제까지 걸을지 알 수는 없는 길,
길을 나서면 한 걸음을 생각하며 걷는답니다.

그 길이 어디든, 시작은 지금 여기 입니다.
Wherever it may lead, it begins here and right now.